Behavioral Economics Notes
for Business Design

ビジネスデザインのための
行動経済学
ノート

バイアスとナッジで
ユーザーの心理と行動を
デザインする

中島亮太郎 著

はじめに

行動経済学とデザインの接点

　本書のテーマは、行動経済学をデザインに応用することです。デザインといっても、色やカタチをつくることだけではありません。商品やサービスを利用するユーザーに対して、興味を持って行動してもらうための仕組みを考えることも、デザインの1つです。

　デザイナーは何かをデザインする過程で、多くのことを考えます。ユーザーはどんな気持ちで使っているか、周りの環境はどうなっているか、社会が注目していることは何かなどです。このようなリサーチは、企業や行政機関であれば数値に基づいて分析をしますが、デザイナーはユーザーの実際の行動や感情に着目します。そこで得られた気付きをもとに考察を行い、デザイン案に反映します。

　デザイナーが行うリサーチについて、決まった方法論はありません。商品やサービスが使われる過程を時系列に並べて整理したり、実際のユーザーにインタビューをするなど、いくつかのメソッドやフレームワークはあります。ですが、これらはあくまで手段です。前提としてもっと大切なことがあります。それは「人や社会を観察する力」です。

　ユーザーはいつも、利便性や効率性を求めているわけではありません。けれども、会社でずっと仕事をしていると、現状の市場を分析するときに、つい商品やサービスの利便性や効率性ばかりを気にしてしまいます。すると解決策のアイデアも、便利・早い・お得のように他社の特徴と似通った内容になりがちで、競合の会社がみんな同じ土俵で競い合うと消耗戦になってしまいます。でもユーザーは、今までにはない心地よさや楽しい体験など、利便性や効率性とは違ったことを求めているかもしれません。このようなことに気付く観察力が、リサーチをする上ではとても大事です。

　私はこれまで、デザインのリサーチ方法をビジネスの現場で試行錯誤してきました。デザイン以外の分野の考えを取り入れることで、よりビジネ

スの文脈にも受け入れられる方法は何かないかと思案していたとき、ふと行動経済学のことが気になり、いくつかの本を読んでみました。するとそこには、ユーザーである人はいつも合理的な判断をするわけではない、といったことが書かれていました。夢中になっていろいろ調べていくうちに、「これはデザインのリサーチに役立てられそうだ」ということに気付きました。なぜなら、行動経済学とデザインは、人＝ユーザーに着目する、という点が共通しているからです。

2020年の1年間、私はメディアプラットフォームのnote（https://note.com/）に、行動経済学とデザインをテーマに、自分が勉強したことを定期的に書いてきました。そしてある日、編集者から興味を持っていただき、本書を執筆するにいたりました。

行動経済学は研究だけではなく、ビジネスでの商品やサービスにも役立てられます。ですので、本書はデザイナーのみに向けた内容ではなく、ビジネスの企画に携わる人や、面白い仕事がしたいと思っている人など、多くの方に向けて書いています。行動経済学を知ることで、多くの人がリサーチの観点を持ってデザインに取り組み、ビジネスがよりクリエイティブなものになってくれることが、本書の狙いです。

他の行動経済学の本との違い

行動経済学に関する本は、大きく2種類あります。1つは、ノーベル経済学賞を受賞したダニエル・カーネマンの『ファスト＆スロー』やリチャード・セイラーとキャス・サンスティーンの『実践 行動経済学』など、心理学者や経済学者などの専門家が書いた本です。もう1つは、各理論を短く要約してまとめた本です。こちらは、見開き1ページでパッと理解できるものや、マンガやストーリー形式になっているものなど、さまざまな種類があります。

私は学者ではないので、もちろんこの本は専門書ではありません。ですが、もう1つの要約してまとめた本のカテゴリとも、少し違っています。本書は「どのようにビジネスで実践するか」ということに焦点を当てています。この本は、理論を知ることに満足して終わるのではなく、それを自分

のものにして、新しい商品やサービスの企画に活用したりデザイン案に組み込む、という使われ方を目的としています。そして、利便性や効率性を超えた、ビジネスのイノベーションにつながることを期待しています。

　本書は行動経済学をテーマにしつつも、説明をすべて、商品やサービスを提供するビジネスとユーザーとの関係性でまとめています。具体的な特徴としては、次のような点です。

- 個別の理論ではなく、全体の構造から仕組みを理解できる
- 図を多く用いることで、理論がパッと見てわかる
- 社会心理学やデザインなどの観点も織り交ぜている
- 商品やサービスなどへの活用方法に言及している
- 実際のビジネスを想像しながら読むことで、楽しく学べる

　私の専門はデザインです。行動経済学は主にこれまで、本を読んで独学で勉強してきました。本書の中で解説するそれぞれの理論については、できるかぎり書籍などに紹介されている原典をもとにしています。おすすめの意味も含めて巻末に参考文献の一覧をまとめていますので、ぜひ参考にしてください。その上でデザイナーの立場から、考察や活用方法のアイデアを紹介しています。理論を厳密に把握することよりも、どう活用できるかということに注目して読んでいただければ幸いです。

本書の構成

　本書は大きく、3つの章で構成しています。

　まず1章では、行動経済学の全体像としての「フレーム」を解説します。商品やサービスに関わるビジネスとユーザーとの関係を、図を用いて整理してします。人と機械の違いを対比的に見ていくことで、人は何に影響を受けて、どう行動につながるかを探っていきます。

　続いて2章では、人を起点に大きく8つに傾向を分類して、行動経済学・社会心理学・デザインなどの理論に基づく39の「バイアス」を取り上げます。全体像と個々の理論の関係性がわかるように整理して、なぜ人はバイ

アスを受けるのか、どのような活用方法が考えられるかを解説します。

　最後の3章では、デザインの観点に立った実践方法を紹介します。行動経済学を活用する「ナッジ」の考え方をもとに、ユーザーの行動を変えるアプローチの種類や、実際の商品やサービスなどに適用するための方法を解説します。ビジネスで実践するための方法論として、フレームワークを紹介するだけではなく、考え方を身に付けることが狙いです。

　本書を通じて、行動経済学とデザインの両方の魅力に気づいて、論理的で合理的な分析だけからは生まれない、新しくてワクワクできる商品やサービスをつくり出すことに活用いただければと思います。

　それでは、楽しく一緒に学んでいきましょう。

CONTENTS

はじめに ……………………………………………………………………………… 002

1章. フレーム

フレーム1. ユーザーとビジネスをつなぐ

01. 利便性や効率性追求の落とし穴 ……………………………… 013
02. ビジネスに役立つ行動経済学 …………………………………… 016
03. ユーザーの立場から考える ……………………………………… 018

フレーム2. 認知と行動の特徴をつかむ

04. 人と機械の違い …………………………………………………… 022
05. 認知の流れ ………………………………………………………… 024
06. 8つのバイアス …………………………………………………… 026
07. 4つのナッジ ……………………………………………………… 028
08. バイアスとナッジで行動を変える …………………………… 030

2章. バイアス

バイアス1. 人は相手を気にする

09. ピア効果（一緒だと頑張れる）………………………………… 035
10. 社会的選好（相手への気づかい）……………………………… 039
11. 返報性（お返ししなければ）…………………………………… 043
12. シミュラクラ現象（顔の力）…………………………………… 046
13. 権威（上下関係の意識付け）…………………………………… 049

006

バイアス2. 人は周囲に左右される

バイアス3. 人は時間で認識が変わる

バイアス4. 人は距離を意識する

バイアス5. 人は条件で選択を変える

バイアス6. 人は枠組みで理解する

バイアス7. 人は気分で反応する

バイアス8. 人は決断にとらわれる

3章. ナッジ

ナッジ1. ナッジを理解する

ナッジ2. ユーザーの行動につなげる

ナッジ3. 商品やサービスをデザインする

1章

フレーム

———

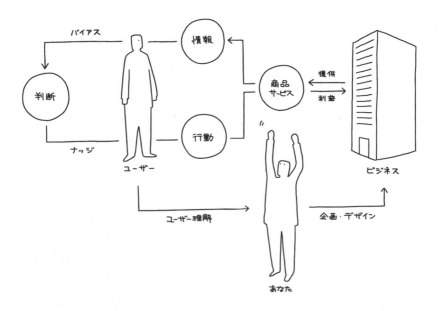

フレーム 1.

ユーザーと
ビジネスをつなぐ

　まず1章では、行動経済学とビジネスの関係性を理解することから始めます。行動経済学を深く知る上で欠かせないことは「ユーザーに着目する」という視点です。会社の中で考えられたビジネスの企画と、ユーザーが欲しいと思っていることの間には、多くの場合ズレがあります。ここに行動経済学の考え方を取り入れることで、両者のズレを解消することができます。

01 利便性や効率性追求の 落とし穴

　現代は、不確実性の高い社会だといわれています。このような状況の中、あらゆるビジネスの領域で、イノベーションが不可欠だともいわれています。ですが多くの会社はイノベーションを理念に掲げながらも、実際にはビジネスのイノベーションを起こせてはいません。もちろん簡単なことではありませんが、理由の1つに、商品やサービスを企画・開発する人が、利便性や効率性ばかりに着目していることが、関係しているのではないでしょうか。

　STARBUCKSの店舗やAppleの商品に人々が注目し集まるのは、必ずしも値段や性能など、スペックで判断をしているからではありません。自分にとってかけがえのない場であったり、使っているときの心地よさなどであったりします。STARBUCKSやAppleは、商品やサービスに対してユー

ザーが感じる価値を再定義したことで、コーヒーやデジタル機器の市場を大きく変えることができました。このような価値観の変化に対して価格や性能で対抗しようとしても、ユーザーの関心はまったく別にあるので、競争にはなりません。利便性や効率性とは違う軸にユーザーの価値を見つけられるかどうかが、ビジネスにおけるイノベーションを切り開くカギであるといえます。

利便性や効率性は数値で測れるものですが、ユーザーが商品やサービスに求めていることは、むしろ数値では測れないことの方が多くあります。そのためこれからのビジネスでは、分析的な思考よりも仮説的な思考でユーザーの考えや行動を観察して、商品やサービスの企画につなげていく必要があります。

ところで、イノベーションへの関心の高さにともないデザイン思考が注目を集めるようになったのも、ユーザー視点への注目が背景にあります。デザイン思考は日本でも 2010 年以降、多くの学校や企業で実践されています。さまざまな職種や専門の人が部門の壁を超えて一緒につくる、というデザイナーの考え方を用いた方法論です。ところが、デザイン思考によって大きなイノベーションが起きたかというと、これもそうではありません。私はこの原因が「デザイン思考」そのものに問題があるのではなく、デザイン思考を方法論として扱っていることが問題だと考えます。多くの会社や学校が、手順に沿ってフレームワークの穴埋めをすれば、自動的に解決策ができるという誤った認識で捉えてしまっていることが、デザイン思考の残念な現状です。

デザイン思考に取り組む前に、まずユーザーを深く理解することから始めることが、より重要ではないでしょうか。私たちはいつも、利便性や効率性を求めているわけではありません。1人だとさみしかったり、褒められると嬉しくなったり、どう伝えるかによって反応が180度変わったりと、人はとても複雑でときに不合理で面白い生き物です。まずは、対象となるユーザーへの関心を持つことが、デザイン思考での基本的な姿勢です。

ユーザーを理解するには、相手の考え方であったり行動の意図や背景から気付きを見つけ出す、リサーチの経験と知識が欠かせません。これは単に、観察手法のテクニックを身に付けるということだけではなく、その前

提にある、人の特性を知っておくことも意味します。例えば、子どもに対してゲームを禁止すると、子どもがもっとゲームをやりたくなってしまうのは、どうしてなのでしょうか。目の前で起きている現象だけではなく、人の心理状況や環境などから要因を理解する必要があります。

　こういったことを知るための手がかりが、行動経済学にあります。行動経済学を知ると、「どうしてユーザーはこんな行動をするのか」という問いに対する答えを、人間の特性から捉えて理解することができます。観察だけにとどまらず、「ユーザーが何を求めているのか」まで考察することで、利便性や効率性とは違った価値を見つけることにつながり、さらには、商品やサービスに適用するアイデアのヒントを見つけることができるようになります。

　もしあなたが、会社で何かの企画やデザインに関わっていて、イノベーションを起こすことが求められていたら、行動経済学がきっと役に立つはずです。これからのビジネスで必要なことは、フレームワークを使ったデザイン思考ではなく、ユーザーへの関心と、ユーザーを観察して理解をしようとする姿勢です。

02 ビジネスに役立つ 行動経済学

　行動経済学を扱えるようになると、ユーザーの立場に立って、クリエイティブな企画やアイデアが考えられるようになります。デザイナーにとっても、企画や開発に携わる人にとっても、色やカタチだけではなく、広い領域でユーザーの行動につながるデザインの提案ができるようになります。ビジネスにおいて、行動経済学には次の3つの利点があります。

1. カンペキ像を崩せる

　仕事では、何事でもキッチリしたことを求められがちです。新しいサービスの企画を考えるときでも、多くの人は、数値的根拠に基づいて提案の理由を説明できるようにしようと考えがちです。そして、企画の内容に対しても、つい理想的なユーザー像を設定したり、隙のないビジネスモデルを組み立ててしまいがちです。

　私はこれまで、さまざまな会社の企画に携わってきましたが、特に勉強が得意で真面目な人ほど、このように考えてしまう傾向が強いと感じています。ですが、実際にサービスを使うユーザーは理想とは違って、もっといい加減だったり、感覚的だったりするものです。そういった「カンペキ」を求めがちな人にとって、行動経済学は実際のユーザーに対する偏見を取り除き、柔軟な解決策を考えるための視点を与えてくれます。

2. 理論を実践に応用できる

　私が学校でデザインを学んでいたとき、心理学は人気教科の1つでした。長さが同じに見えない錯視効果や、メタファーの考え方などは、とても面白かったのですが、これを具体的なデザインに適用するのは、なかな

か難しいものです。ビジュアルデザインのちょっとした工夫の範囲にとどまり、授業で感動したときのことを、実践で十分に活かすことができていません。デザイナーでこのように感じている人は、少なくないはずです。

行動経済学は心理学よりも実践的で、消費者であるユーザーを起点にしています。そのため、デザインで解決策を考えるときや商品やサービスを企画するときにも、理論を適用しやすいという特徴があります。加えて、行動経済学は経済学のカテゴリに位置付けられるので、購入率や売り上げに直結する研究も多く発表されています。抽象的な理解にとどまらず、実際のビジネスで実践できることが、行動経済学の魅力です。

3. 感覚的なことを論理的に伝えられる

家族や友人や恋人との関係であれば、あなたは常に相手のことを考えながら、喜んでもらうための方法を試行錯誤するはずです。ところが、ビジネスではこのような観点が抜けてしまいがちです。なぜなら、対象者となるユーザーは大勢いるので、考えが偏らないように数字などを用いて客観的に伝える必要があるからです。対して、数字に表れない感覚的な情報は、ビジネスシーンではなかなか論理的には伝えられません。

このときに、行動経済学の理論が裏付けとしてあると、一見変だと思われる内容や数字では示しにくい提案内容でも、根拠を持って説明することができます。デザイナーなど新しい企画を考えるのが好きな人は、ビジネスの場面でイマイチ論理的ではないと思われることが多くあります。このようなときに行動経済学の裏付けの説明を使わない手はありません。

では次に、行動経済学とビジネスのつながりについて、具体的に見ていきましょう。

ユーザーの立場から考える

　では商品やサービスに行動経済学がどう関係するかについて、図を用いながら説明をしていきます。まず1つめの図を見てください（以降は、この図を基本に説明をしていきます）。これは世の中のビジネスの仕組みを概念的に示したものです。

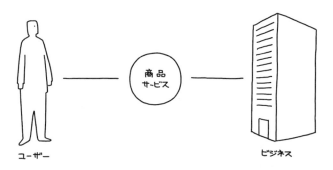

ユーザー　　　　　　　　　　　　　　　　ビジネス

　左側には利用者であるユーザーが、右側には提供者であるビジネスがそれぞれいます。そして、ユーザーとビジネスの間にある商品やサービスが、両者をつないでいます。ビジネス側は、企画・デザインによってつくられた商品やサービスをユーザーに提供します。ユーザー側は、商品やサービスを気に入ったら利用してくれます。その対価として、売り上げや利用料がビジネス側に還元される、というやりとりが発生します。

ところが、ユーザーはいつでも、商品やサービスを気に入ってくれるわけではありません。2つめの図を見てください。

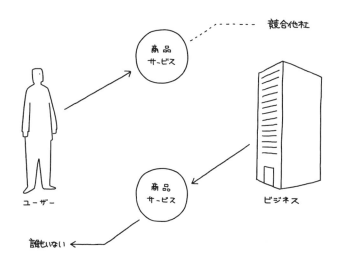

　ビジネス側の考えだけでつくってしまうと、使ってくれるユーザーがいなかった（市場ニーズがなかった）という場合があります。例えば、技術者がよかれと思い、多機能や高性能を追求してしまった結果、ユーザーが難しすぎると感じてしまい使ってくれなかった、という商品は多くあります。ユーザーが求めていることはもっと別にあり、それはすでに競合他社が提供している場合があります。競合はもしかすると、まったく別の業種である場合もあります。モノがない不便な環境であれば、利便性や効率性の高いものにユーザーは興味を示します。ところが現代は商品やサービスがあふれていて、さらに現代は不確実性の高い時代なので、ユーザーの興味はより複雑化しています。
　そのため、売り手の理論ではなく、ユーザーの立場から考える、という視点が欠かせません。3つめの図は、ユーザー視点で商品やサービスを考えるためのプロセスを示しています。

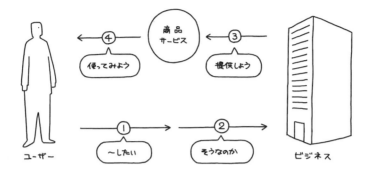

　まずは①のユーザーを観察することから始めます。ユーザーは未来のことはわからないので、直接「何が欲しいですか?」と聞いても答えてはくれません。ユーザーの日々の行動や考え方に着目して、嬉しいと思うことは何かを探しましょう。そして、観察によって気付きが得られたら、②でその原因を考えてみましょう。ここで行動経済学の知識が役立ちます。原因が見つかったら、③で解決するための方法を考えて、商品やサービスに適応します。このプロセスを経た結果、④でユーザーは「使ってみたい」と思い行動してくれることで、両者の関係がつながります。時代や環境は常に変化するので、ユーザーに着目し続けて、ズレがあったら商品やサービスを補正していって、ユーザーとのつながりが切れないように意識しましょう。

　ここまで、ユーザーの立場で考えることの大切さを説明しました。では次に、ユーザーを知ることと行動経済学の関わりについて、もう少し深く考えてみましょう。

フレーム 2.

認知と行動の特徴をつかむ

　行動経済学は、思考のクセや不合理性など、人々の特性が経済(ビジネス)とどう関係するかに焦点を当てた学問です。ここでは、ユーザーである人を機械と比較することで違いを理解し、商品やサービスに関わる認知や行動の全体像を図で整理して、行動経済学の理論や実践がビジネスにどのようにつながるかを説明します。

04 人と機械の違い

ユーザー

マシーン

商品やサービスを使う対象者は人（ユーザー）です。機械（マシーン）ではありません。これはとても大切なことです。まず、この違いを理解することが、行動経済学の第一歩です。

これまでの経済学は、まるで人を機械のように見ていました。ここでの機械とは、人工知能や学習機能を持たない、20世紀の計算機や産業ロボットなどを思い浮かべてください。機械は情報を受け取ると、プログラムされた処理に基づいて、いつでも同じ結果を出すことができます。一方、行動経済学は、人は人であるという前提に立っています。人は情報を受け取っても、そのときの気分だったり周囲の環境に影響を受けて、異なる反応をしてしまいます。

これまでの経済学は、とても合理的な考え方でした。人は機械のように、

いつも冷静でベストな判断ができることを前提としていて、感情は考慮されていません。対して行動経済学は、人は環境や感情などに影響を受ける、ということを前提としています。

　これを、ビジネスの場面に置き換えて考えてみましょう。商品やサービスを提供する会社は、つい完璧なユーザー像を想像しがちです。「機能はたくさんあった方が、ユーザーにとっていいに違いない」「論理的に設計しているから、ユーザーは間違えるはずがない」と、このような思い込みをしてしまいます。その結果、ボタンが多すぎて使いこなせない商品や、難しすぎてエラーが続出する申請書類や操作画面などが、世の中には数多くあふれています。

　こういった問題はすべて、ユーザーである人を機械のように捉えていることが原因です。ユーザーは、商品がキッチリ並んでいるお店よりも、意外なものが隣に並んであったり、迷路のようになっているお店の方が魅力的に感じることがあります。ときには合理的ではない方が、ユーザーは嬉しいと感じる場合もあります。

　行動経済学の有名な例を、1つ挙げてみましょう。「プロスペクト理論」は、人が損得をどのように感じるかを明らかにした研究です。確率50％で1000円をもらえるか1000円を失うか、という条件があったとします。合理的に考えればメリットとデメリットは同じなのに、実際には人は損することの方をより強く意識してしまいます。なので、1000円を失うリスクがあるなら条件を受けない方がいい、と考えるようになります。このような、機械とは違った人ならではの行動は数多く研究されています。

　行動経済学は、ユーザーである人を起点としています。実際のユーザーをよく観察して、使い方や気持ちを想像できれば、受け入れられる商品やサービスをつくることができるはずです。デザインの取り組みでも、最初にユーザーはどんな人かを考えて、そこから商品やサービスを思い描きます。どんなにカッコよくても、ユーザーが使いにくいと感じるなら、それはよいデザインとはいえません。このように、行動経済学とデザインは、機械のような相手ではなく感情を持ったユーザーの視点に立って考える、という共通点があります。

05 認知の流れ

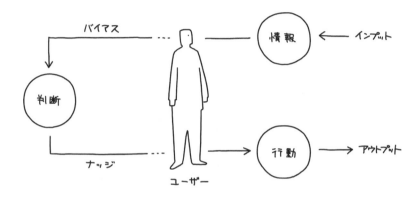

次に、人と機械は何が違うのかについて、考え方のプロセスを見ていきましょう。

人でも機械でも、認知の流れは、大きく3ステップあります。最初に外からインプットがあり、情報を受け取ります。次に受けた情報をもとに処理を行い判断します。判断ができたら、行動に移してアウトプットをします。この3ステップの中で、人と機械はそれぞれ異なった受け取り方や反応をします。

まずはじめのインプットによる情報とは、言葉であったり、においや衝撃など、五感で感じることです。機械であれば、決められた入力信号のみを受け取りますが、人はもっと複雑です。同じ情報でも、相手の立場や話し方によって言葉の印象は変わるし、それを聞くタイミングや、周囲の環

境、誰と一緒に聞いていたか、自分にとってどんなメリットがあるのかなど、ありとあらゆることが情報に含まれます。

　次に判断を行います。これも機械であれば、設定されているプログラムに基づいて選択や回答をするので、いつでも同じ判断を行います。もし情報が不十分で判断できないときは、フリーズして計算を止めます。対して人はたくさん情報を受けているので、いろんなことが判断に影響します。さらに、自身の気分や周囲との関係なども意識します。例えば、イライラしているからいつもとは違う考え方をしたり、1人だと不安だから他の人の意見を気にしたり、状況によって判断は変わります。

　最後に判断をしたら行動につなげます。機械であれば、電卓の計算のようにインプットされた内容に対して、いつでも同じ結果をアウトプットします。ところが人は判断と行動が必ずしも一致しません。ダメだとわかっていても、その場の雰囲気に流されてつい余計なものまで買ってしまった、ということはよくあるはずです。このように人と機械では、それぞれのステップで、受け取り方や対応が大きく違っています。

　今度は、3つの間をつなぐ2つの線に着目してみましょう。情報と判断の間には「バイアス」が存在します。人は機械とは違っていろいろな情報に影響を受けるし、その人の考え方のクセもあります。ここには多くの行動経済学の理論が関係しています。そして、もう1つの判断と行動の間では、ユーザーに意図的なはたらきかけを行うことができます。条件や選択肢などを提供することによって、ユーザーの行動を変えるための後押しができるようになります。ここには「ナッジ」という行動経済学の考え方が当てはまります。

　利便性や効率性を超えた商品やサービスの開発には、このバイアスとナッジの2つの考え方を理解することが欠かせません。バイアスの仕組みを知ることで、ユーザーに望ましい情報の提供方法を考えられるようになり、ナッジの方法を用いることで、ユーザーに好ましい行動をうながすデザインができるようになります。

　では次に、バイアスとナッジについて、それぞれ見ていきましょう。

06 8つのバイアス

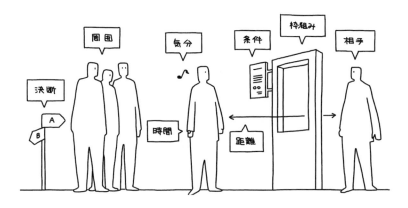

　行動経済学は全体像を捉えにくいため、難しそうな印象を受けます。個別の理論は数多くの研究発表がされています。しかし、それぞれの理論が分類化されたり、関係性がまとまったような本は、あまり見られません。

　基本的な整理としては、ダニエル・カーネマンが提唱した、システム1とシステム2、という分類があります。行動経済学の名著『ファスト＆スロー』では、システム1を速い思考＝直感、システム2をじっくり考える思考＝熟慮と分けて考えられています。行動経済学の理論には、このシステム1の速い思考に当てはまるものが多く含まれています。ですが、システム1の中でも、それぞれの理論がどのように関係しているかは、学者ではない私たちにはちょっとわかりにくいです。

　そこで、本書では「人は何に影響を受けているのか？」という問いを立て

て、行動経済学の理論を分類してみました。この分類方法に明確な定義や
根拠はないのですが、ユーザーの立場から考えて、ビジネスに活用できる
ことを目的として考えた結果、8種類のバイアスに整理できました。

- バイアス1. 人は相手を気にする
- バイアス2. 人は周囲に左右される
- バイアス3. 人は時間で認識が変わる
- バイアス4. 人は距離を意識する
- バイアス5. 人は条件で選択を変える
- バイアス6. 人は枠組みで理解する
- バイアス7. 人は気分で反応する
- バイアス8. 人は決断にとらわれる

　それぞれは2章で詳しく解説しますが、ここでは8種類それぞれの位置
付けを、大きく2つの要因に分けて紹介します。
　バイアス1-4は環境要因で、社会や暮らしの中での影響に関係していま
す。機械であれば、環境がどうであれ空気を読むことはしませんが、人は
そうはいきません。目の前に相手がいたり、周囲に人がいたり、時間や空
間の距離によっても、認知の仕方や判断は変わります。
　バイアス5-8は心理要因で、情報のインプットにフィルターがかかって
いる状態です。人は機械よりも多くの情報を受け取ってしまうため、判断
にムラがあります。考えの前提となる条件があったり、考える枠組みが設
定されていたり、そのときの気分や過去の決断にも影響を受けます。
　このように全体像を捉えると、行動経済学のすべての理論を知っていな
くても、ユーザーが何に影響を受けているかを推察することができるよう
になります。もしかすると、理論としてまだ確立されていなくても、新し
いバイアスの要因を見つけることができるかもしれません。
　ビジネスでバイアスを見つけるためには、何よりもまず、ユーザーを観
察することから始めましょう。漠然とした観察では気付きにくいことも、
観点を持っていると多くの発見ができるはずです。8つの分類は言い換え
ると、ユーザーを観察するときのチェック項目ともいえます。

07 4つのナッジ

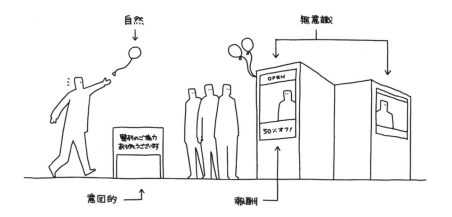

　「バイアス」では、インプットの観点で行動経済学との関係をまとめてみました。次にアウトプットの観点で、ユーザーに好ましい選択や行動をしてもらうための「ナッジ」の仕組みと方法について紹介します。

　ナッジとは、2017年にノーベル賞を受賞したリチャード・セイラーとキャス・サンスティーンが提唱した考え方で、ヒジで小突く（Nudge）という意味です。ナッジは強制ではなく、ユーザーも気づかないように無理なく行動ができる方法であることが特徴です。ただし強制ではないとしても、使い方によっては悪用にもつながりかねないので、前提として倫理観や社会性を持っていることが欠かせません。

　ナッジは、ユーザーが行動に移すときに後押しをうながすための、実践的なテクニックです。商品やサービスに何かしらの意図を加えるので、

ナッジはデザインそのものだともいえます。色やカタチだけのデザインではなく、言葉による伝え方、サービスの流れ、商品戦略など、いろいろな領域にデザインを適用することができます。ナッジの行動を後押しする方法には、大きく4つのアプローチがあります。

- デフォルト（無意識にうながす）
- 仕掛け（自然にうながす）
- ラベリング（意図的にうながす）
- インセンティブ（報酬でうながす）

デフォルトと仕掛けは、ユーザーにあまり意識をさせないナッジです。最もシンプルな方法は、ユーザーに選ばせないようにするデフォルト設定です。はじめから項目が選択されていると、ユーザーがわざわざ考えて決めなくてもよいので、楽に行動ができます。一方で、ユーザーに思わずやってみたい気持ちにさせる方法もあります。ナッジを有名にした、オランダの空港にある男性用トイレのハエのシールは、ハエを狙おうとすることで、結果としてトイレがキレイに使われる効果をもたらしました。強制もせず、ほとんど意識もさせずに、ユーザー側とビジネス側の両者に好ましい行動をはたらきかけています。

対して、ラベリングとインセンティブは、意識はさせるけど選択肢はユーザーにゆだねるナッジです。ラベリングは、トイレの中で「いつもキレイに使っていただき、ありがとうございます」という一文によって、ユーザーに好ましい行動をうながす方法です。強制力はありませんが、ハエのシールよりもユーザーの意識にはたらきかけています。もう1つのより直接的な方法は、お金などの報酬によるインセンティブの設定です。ユーザーの満足度を高めるために好ましい選択肢を提供できると、単純な損得だけではない関係性をつくることができます。

効果的なナッジができるかは、解決するアイデアが強く関係します。場面や状況によって同じナッジでも印象は異なるし、ちょっとした工夫の違いによってもユーザーの行動につながるかどうかは変わります。ナッジを適用する方法については、3章で詳しく説明していきます。

08 バイアスとナッジで 行動を変える

　これまでの内容を整理してみましょう。行動経済学は利便性や効率性といったスペックだけではなく、人が持っている好きという感情や、楽しいといった気分に着目することで、ユーザーの行動を変えることができる学問です。そして行動経済学もデザインも、共にユーザーの立場から考えるという点が共通しています。ユーザーである人は機械とは違って、環境や感情に影響を受けます。そしてインプットとアウトプットの過程で、人は機械とは異なる反応をします。インプットでは8つのバイアスが情報を受け取る認知に影響して、アウトプットでは4つのナッジが行動の後押しにつながります。

　これらの流れを、1つの図にまとめてみました。

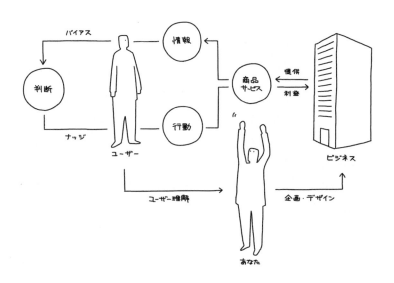

1つずつ見ていきましょう。まずはじめに、ユーザーとビジネスの間には両者をつなぐ商品やサービスがあります。次に、ユーザーはビジネス側がデザインした商品やサービスに関する情報を受け取りますが、その間には何かしらのバイアスに影響を受けることがあります。バイアスの種類は、相手・周囲・時間・距離に関する環境要因と、条件・枠組み・気分・決断に関する心理要因の計8種に分けられます。これらの要因が情報を受け取るときに含まれることで、商品やサービスに対する印象はそれぞれ変わってきます。そして、その商品やサービスに対して何かの行動をするときも、その間にユーザーを後押しするナッジが影響します。ナッジによるはたらきかけの方法は、無意識・自然・意図的・報酬といった4種類があります。その商品やサービスを選んで使ってみようと考えるときにナッジの後押しが加わることで、ユーザーの行動につながるかどうかも変わってきます。

　もし対象が機械であれば、受けた情報に対していつも同じように反応して、後押しのはたらきかけにも左右されず決まった行動を取るので、提供する商品やサービスの売り上げなどの予測は立てやすくなります。ところが人であるユーザーの場合は、情報・判断・行動の間をつなぐバイアスとナッジの影響によって、どのような結果になるかは変わります。そのため、正確な予測を立てることも難しくなります。

　商品やサービスを企画・デザインするときは、単に利便性や効率性など機械でも判断できることだけを考えるのでは不十分です。ユーザーが置かれている状況や気持ちを理解して情報を伝えて、ユーザーの行動の後押しにつなげる仕組みを考える必要があるということが、この図からわかります。バイアスとナッジを効果的に活用できると、ビジネスで得られる売り上げや商品やサービスに対する話題などの結果も変わってきます。ここが、ユーザーを対象としたビジネスの難しい点でもあり面白い点でもあります。商品やサービスのスペックから考えるのではなく、ユーザーの立場に立って「この商品の情報を受け取るとユーザーはどんな印象を持つか」「ユーザーが商品を手に取ってくれるためのキッカケは何があるか」といったことから考えてみましょう。

　ちなみに、商品やサービスの下にはあなたがいます。もしあなたが、商

品やサービスを企画してデザインする立場であったなら、ビジネスの後ろ側にいるのではなく、ユーザーとビジネスの間に立つ必要があります。後ろ側にいる状態では、ユーザーの声や行動を正しく見聞きすることはできなくなるし、常にビジネス（会社）のフィルターを意識してしまうことになります。そうするとユーザーが欲しいと思っている商品やサービスの企画・デザインをすることが難しくなってしまいます。ユーザーを理解して具体的な企画やデザインに変換することで、はじめて両者をつなぐことができるようになります。そのためには会社という組織の枠にとらわれず、オフィスから一歩外に出てユーザーに近付くことを意識してみてください。結局、商品やサービスをつくるのも、機械ではなく人なのですから。

　1章では行動経済学とデザインとのつながりをご紹介しました。図を用いて、ユーザー・商品やサービス・ビジネスの間にそれぞれ何が影響しているのかをまとめて、行動経済学をビジネスで実践するための全体像を把握できるように整理してみました。次に、2章では8つのバイアスについて、3章では4つナッジと実践方法について、それぞれ詳しく見ていきましょう。

2章

バイアス

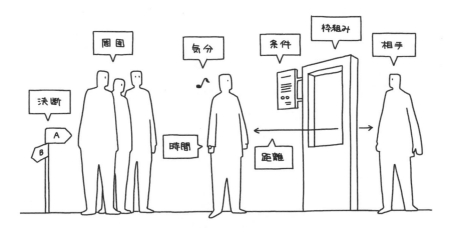

バイアス 1.

人は相手を
気にする

　誰かが自分のことをずっと見ていたら、意識せずにはいられないはずです。人は常に自分のことだけを優先して考えているのではなく、相手を気にしながら行動しています。人は人と協力し合い成長することもあれば、反対にぶつかり合うこともあります。相手の立場を効果的に用いれば、ユーザーの行動を好ましい方向に変えることができます。

ピア効果
（一緒だと頑張れる）

09

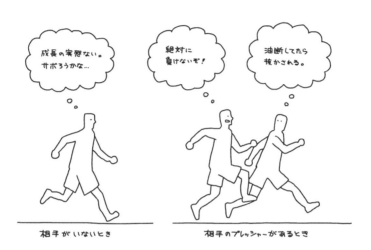

要約

- 相手の適度なプレッシャーがあるとパフォーマンスが上がる
- 競う相手とは程よい力量でフラットな関係であること
- 競いつつも意識は相手ではなく自身に向けること

行動の特徴

　なぜ、100m走は1人で走らないのでしょうか。その理由は、誰かと一緒だと頑張り合って、パフォーマンスが上がるからです。このような、隣に誰かいると頑張れる現象を「ピア効果」といいます。ペア（Pair）ではな

くピア（Peer）で、年齢・地位・能力などが同じ同僚や仲間という意味です。ピア効果は、仲間・同僚・ライバルがお互いの活動に影響を受けて負けられないという意識がはたらき、その結果としてパフォーマンスの向上につながります。

1898年に行われた実験では、自転車競技のタイムが単独で走ったときよりも、他の選手と競ったときの方が、速くなることを発見しました。その後、実験を重ねてピア効果が証明されるようになりました。ピア効果は競争していなかったとしても、人に見られているだけでも熱心に取り組む意識がはたらくので、よりよい結果につながります。

スーパーの店員を観察した例では、同僚のレジ打ちの生産性が上昇すると、他の従業員の生産性も少し上昇することがわかりました。ただし、相手に見られているときは生産性が高まるけど、自分がただ見ているだけで相手に見られていない場合には、生産性は変わりませんでした。

競泳選手を観察した例では、相手が自分よりも優れているかによって、選手のタイムの結果が異なる傾向が見られました。自分より遅い選手が隣にいるときは速く泳げるけど、自分よりも明らかに速い選手がいるときは、むしろ1人のときよりも遅くなりました。そして、前が見えにくい背泳ぎでは、ピア効果は現れませんでした。また、優秀な選手がチームに移籍してくると、元からいた選手たちにはよい刺激となりタイムが向上する傾向も見られました。

つまりピア効果は、少しでも手を抜いたら負けるけど頑張れば勝てるかもしれない、といった適度なプレッシャーと、本人にちょうどよい力量の関係が欠かせません。社会にはこの適度なプレッシャーと程よい難易度を活用した例が、いろいろな場面で見られます。

- 100m走、水泳、競馬などのスポーツ競技
- ジャズの演奏などで見られるジャムセッション
- 成績順に席が決まる学習塾
- 職場の同僚（同期のライバルを勝手に意識する）
- 自動車など同業種の企業間競争
- ペアプログラミング（2人1組で仕事する）

このように、程よいライバル（頑張れば超えられそうな存在）がいる関係は、成長や競争を促進させる作用があります。ただし、過度なライバル意識は相手への攻撃に関心が向き、自分の成長とは関係ない施策をしがちになります。例えば、ライバルと競いながら成長するスポーツ選手の場合にはピア効果がはたらきますが、ライバルの弱みを見つけて出世で差をつけようとする会社員の場合には、自分の成長には関心が向かっていないので、ピア効果がはたらいていません。ライバルがいても、意識は常に自分に向けることが大事だとわかります。勝ち負けだけの指標ではなく、自身の成長や向上が感じられる指標を提供することを、忘れないように心がけましょう。

活用方法

活用1. 知らない人とつながる

2015年に出たアプリ『みんチャレ』は、同じ目的を持った5人1組がつながり、活動を共有し合うことで、1人だと続かない三日坊主をなくすアプリです。コンセプトだけではなく細かな施策も、ピア効果をうながす仕掛けがデザインされています。例えば、2人ではなく5人にすることで誰かしらの反応がある、知らない人だから馴れ合いや甘える環境になりにくい、など適度なプレッシャーを感じることができます。

活用2. 自分と似た人とつながる

オンライン言語学習サービスの『Duolingo』は、同じレベルのユーザー同士がポイントを競い合う仕組みがあります。1人では続かないけど、自分よりもすごい人が一緒だと、むしろくじけてしまうことになりかねません。似た人と自分を比較しながら取り組めることで「負けないぞ」という、成長への意識が高まります。程よいレベルで競わせることは、バイアス7で紹介するゲーミフィケーションとも強い関係性があります。

活用3. 自分のコピーを使う

　任天堂のゲームの『マリオカート』では、以前に自分が走った記録と競い合う「ゴースト」という機能があります。リアルの場で自分自身と競うことは難しいですが、デジタルを活用することで、自分を目の前に登場させて、ライバル視することができます。他にも、自身がこれまでに取り組んだスポーツや勉強のテストの記録や成績があれば、それを越えようとする意識がはたらきます。自分と競えば言い訳はできなくなるし、自分自身のクセを知ることにもなるので、いいことがたくさんあります。ライバルは自分自身です。

社会的選好
（相手への気づかい）

10

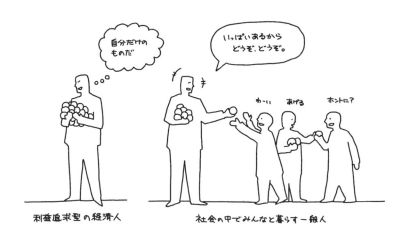

要約

- 相手がいると一部を分け与えたくなる
- 自身の性格や相手の優劣関係によって気づかいの対応は異なる
- 余裕があるほど利他的な意識は高まる

行動の特徴

　日本人は特に、相手や周囲の空気を読む傾向が強くあります。このような相手を気づかい行動することを「社会的選好」といいます。

　社会的選好を知るための方法として「独裁者ゲーム」という実験がありま

す。これは、自分と相手との受け取るお金の配分を決める単純なテストです。利己的な人なら、相手に1円も渡さないはずです。ところが実験では、多くの人は相手にいくらかを渡そうとする傾向が見られます。例えば10000円であれば、自分に7000円で相手は3000円くらいに配分します。面白いのは、渡す側は手元に残った金額が7割よりも多いと、もらいすぎたと居心地の悪さを感じる人がいて、受け取る相手は3割より低いと「だったらいらない、0円でいい」という人が増えるそうです。

　相手に対する気づかいの度合いは、人の性格や状況によって異なります。その人自身の性格では、自分が一番、相手より優位に立ちたい、相手やみんなの幸せが一番、といった違いが出ます。これに状況の変化が加わると、相手を打ち負かしたい、均等にしたい、相手にゆずりたい、といった気持ちの違いが現れます。

　これらが組み合わさると、より奪おうとする人、バランスよく収めたい人、負けると悔しいから反撃したくなる人、勝ち負けは関係なく結果に差を出したくなる人、とにかく相手がいい状況になってもらいたい人など傾向が分かれます。なので、社会的選好といってもみんなが無条件にいい反応をするわけではありませんが、1人のときに比べて誰かがいるときは、利己的な思考は抑制される傾向があります。

　社会的選好が機能するためには、社会への所属や安心を感じられることが大切です。自分自身に余裕がないと、相手を気づかうことに気持ちがはたらかないからです。心理学で有名なマズローの自己実現理論がありますが、マズローは晩年、5段階目の自己実現の先に、6段階目に他者や社会のためを意識する「自己超越」という概念を提唱しました。この考えに照らし合わせると、5段階が満たされていることで相手への気づかいの意識が高まります。裏を返すと、5段階が満たされていない状態、特に最初の生理的欲求や安全欲求が十分ではない状態では、社会的選好への意識ははたらきません。経済状況が不安定だったり犯罪率が高い地域では、相手への気づかいができる余裕はないため、環境問題や助け合いなどの取り組みにつなげることも難しくなります。社会的選好を使うには、まず何よりも心の余裕が欠かせません。

活用方法

活用1. みんなのテーマにする

　例えば「資源を大切に」というメッセージに、「私たちの社会のために」や「未来の子どもたちのために」といった言葉が加わると、他者のために行動する意識が高まります。公共性の高いテーマは、主語をWeにして語りかけると社会的選好がはたらきます。ちなみに、ビートルズの後期の曲はWeを用いた歌詞が多く見られます。

活用2. 相手の顔を見せる

　人は相手の顔が見えると、その人を気づかった行動を意識します。例えば困った顔をしていたら助けたくなるし、喜んでいたら悲しませて台無しにしたくないな、と思ってしまいます。自分事化するためにはWeですが、具体的な行動につなげるにはHe/Sheへの語りかけが効果的です。

活用3. 先にインプットする

　多数派の意見を聞いてしまうと、人は周囲の影響を受けて自分の考えを出しにくくなります。調和を意識して発言や行動をしてもらいたいときは、先に情報をインプットしましょう。逆に考えを素直にいってほしいときは、インプットはない方が望ましいです。

活用4. お土産の仕掛けを入れる

　旅行先でお土産を買って家族や友人や同僚にあげるのは、気持ちを少しおすそ分けしようという、社会的選好そのものです。旅行でなくても、体験としてサービスの一部を教えておすそ分けできると、ユーザーはお土産的に知人に分けたくなりますし、それによって興味を持つ人を増やすことができます。デリバリーサービスでチップを渡せる仕組みも、おすそ分け

の1つだといえます。

活用5. 話し合いの場を設ける

　お互いの考え方が違うときは、話し合いによって判断を変えられること
があります。相手の立場を分かち合う「お互いさま」の視点に気付けると、
俯瞰してよりよい選択ができるようになります。特に複雑な問題に対して
は、多数決など数の指標だけで決めるのではなく、話し合いの場を用意し
ましょう。

11

返報性
（お返ししなければ）

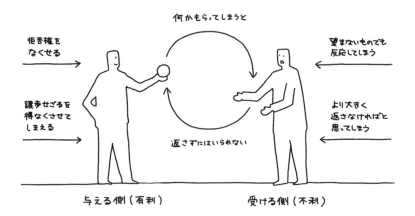

要約

- 何かを受け取るとお返ししたくなる
- 返報性は与える側が有利に、受け取る側が不利になる
- 強い貸し借りを意識させると対等な関係がつくれなくなる

行動の特徴

　相手から何か与えられたら、自分も与え返したくなります。この関係を返報性といいます。簡単にいうと「お返し」の習慣です。返報性は、権力者間での贈答や貿易、旅行でのお土産、無料サンプルの提供など、交換のや

りとりが発生する社会活動に大きく関係しています。

　ただし、返報性には注意点があります。それは、交換のやりとりが対等ではないことです。「タダより高いものはない」という言葉は、返報性のリスクをよく言い表しています。具体的には、次に挙げる4つの不平等な関係が影響します。

　1つめは、拒否権がなくなることです。通常なら冷静に判断して断ることができるのに、一度何かをもらってしまうと、ちょっとしたお願いゴトが断りづらくなる、という不利な条件がはたらきます。

　2つめは、望まないものでも反応してしまうことです。返報性はもらって嬉しいものだけではなく、欲しいと思っていないものでも作用します。例えばお土産を受け取ると、好き嫌いに関係なく返報性の関係ができてしまい、受け取る側には選択肢がありません。

　3つめは、より大きく返さなければと思ってしまうことです。お返しは等価ではなく、もらったもの以上のものを返そうとする傾向があります。

　4つめは、譲歩せざるを得なくなることです。お宅訪問のドア口でやりとりされる会話から「ドア・イン・ザ・フェイス」ともいわれます。はじめに、確実に通らないような大きな要求を出して、相手がそれを拒否したら、次に小さい要求を出すと「じゃあ、それなら…」という気持ちにさせて、要求を通してしまうテクニックです。はじめに拒否したので、次は何かを返さないといけないという気持ちがはたらきます。

　返報性は、不平等な関係になりがちです。ですが、ユーザーは商品やサービスを提供するビジネスと対等な関係を期待します。対等であるほど、継続して長く使ってくれるようになります。商品やサービスを提供するときは、上下や貸し借りを感じさせない健全な関係性の構築を意識しましょう。仕事でも「一緒につくる関係」か「発注と受託の関係」かで、長く付き合えるかどうかは変わってきます。

活用方法

活用1. 最初に感謝を伝える

　トイレで「いつもキレイに使っていただき、ありがとうございます」といったメッセージを見かけることがあります。これは返報性の1つです。最初に感謝を伝えると、ユーザーはそれに応えようと「キレイに使わなければ」という意識がはたらきます。感謝を述べる機会は、説明書、入り口、利用開始時の画面など、いろいろなモノや場面の最初のタイミングで活用ができます。

活用2. その場で完結させる

　「お楽しみに」といったような返報性を意識させる言葉を多用すると、見返りがなかったときにガッカリすることにもなりかねません。そのため、ユーザーとの対等な関係性を保つことが難しくなります。商品やサービスを介して何かを提供するときは、「ありがとうございました」というような、先を期待させないシンプルなメッセージの方が適しています。

活用3. お互いに返報し合う

　21世紀のサービスは、単体のモノ売りから、ユーザーと長い期間つながり、継続的に使ってもらうビジネスに変わってきています。代表的なものは、定期購読などのサブスクリプションモデルですが、関係性を維持するためには、一方的に与え続けるだけではなく相手からの反応をもらって、それを品質改善やギフトなどにして与え返す、というような相互性の関係が欠かせません。返報性が常に続いている状態になっているか（サイクルが回っているか）を意識しましょう。

12 シミュラクラ現象（顔の力）

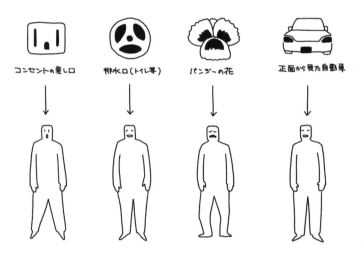

コンセントの差し口　　排水口（トイレ等）　　パンジーの花　　正面から見た自動車

要約

- 人は人の顔を強く意識する
- 対象物が顔に見えると親しみなどの感情が芽生える
- 視線が合うと相手のペースに支配されてしまう

行動の特徴

　人が最も興味を惹かれる対象は人です。だから、人を用いたポスターや宣伝は強力であるけれども、ときに危険性も含みます。

　電車の中の広告を見てみると、ほとんどすべてのポスターに人の顔が

写っていることに気付くはずです。内容の多くは、人物とあまり関係はなかったりしますが、人は顔がない広告よりも顔がある広告の方に意識を向けるので、印象に残ってしまいます。そのくらい、人の顔には惹き付ける力があります。

　人は人の顔だけでなく、植物や人工物などにも人の顔の要素を見つけようとします。花が顔に見えたり、車の正面が顔に見えたり、コンセントの穴が顔に見えたりすることがあります。3つの点が逆三角形に並んでいると、人の顔と認識してしまう錯覚を「シミュラクラ現象」といい、対象物が顔に見えると、とたんに愛嬌を感じてしまいます。例えば、コップや椅子などに人の目や口に見える点や線を描いてみると、無機質なものが友達のように思えてしまいます。家庭用PCが広く普及する以前のMacのOSも、パソコンのモニタに顔のあるアイコンを使用しています。顔をつけることで「コンピューターは怖くないよ、友達だよ」という親しみを訴求しています。

　一方、顔が持つ力は、相手を支配することにもつながりかねません。松田行正の書籍『独裁者のデザイン』によると、昔の帝国主義の広告では、顔が大きく配置されたポスターが多く見られます。顔の中でも特に、目は強く訴える力があります。アップで正面を向いて睨みつけて、短く簡単な言葉で語りかけるような構図は、ポスターを見る人が逃げられないような印象や、常に監視されているような印象を与えます。過去の話だけではなく、今でも選挙や政党ポスターを見てみれば、同じような印象を受けるものはたくさんあることに気付きます。

　このように、デザインの素材として「人の顔」を考えてみると、扱いがとても難しいことがわかります。これまでの歴史でも、顔を用いた表現で、社会を動かした出来事はたくさんあります。だからこそ、扱う人は慎重になって倫理観を持つべきです。

活用方法

活用1. 目で訴えかける

　Unicefなど非営利機関のホームページやポスターを見ると、寄付を受ける当事者の顔が正面を向いて、相手を見つめています。また、言葉づかいも「貧困」や「世界」といった大きなメッセージよりも「〇〇ちゃん〇歳」など、具体的に1人の顔が見える内容になっているものが多く見られます。このように1人にフォーカスすることで、寄付金が何倍にも増える効果があります。ただし、これは慈善行為だからよいのであって、政治や経済で安易にこのような手法を用いるのは考えものです。

活用2. 表情の加減を調整する

　生き物の姿をしたロボットの初代AIBOやASIMOは、とても優れたデザインです。なぜなら表情がないロボットだから。表情があることの負の面は、いろいろとあります。例えば、ベッドの近くにロボットがいて夜ずっと自分を見つめていたら、安心して眠れるでしょうか。対して、AIスピーカーであれば常時つながっていても、あまり気にならないはずです。表情は人への影響が強すぎるので、顔をつけることが必ずしもよい効果になるとは限りません。

活用3. 本人を登場させる

　スーパーで売られている野菜に「私がつくりました」というメッセージと、生産者の顔が写っている包装があります。本人の顔が出ていることで、丁寧に育てられた情景が想起されて、商品の価値を高められる効果があります。ただし、顔を出すことは本人の責任にもつながります。なので、広告やパッケージなどに顔を用いる場合は、本人が商品やサービスに対する責任と自覚を持っているかを、しっかりと考える必要があります。

13 権威
（上下関係の意識付け）

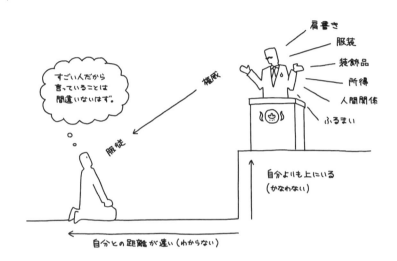

要約

- 立場が上で縁遠い世界の人には権威を感じてしまう
- 権威は肩書きやふるまいなどによって補強できる
- 権威はアンフェアな関係なので適材適所で使い分けるべき

行動の特徴

　相手が自分よりもすごい人だと意識すると、その時点で主導権を相手に渡して自分に不利な状況をつくってしまいます。例えば、目の前の相手が医師や弁護士だとわかると、本当に信頼ができる人か疑問を持つこともな

く、反射的に「この人のいうことは正しい」と考えてしまいがちです。そして権威を持っている人は、都合のよいように相手を誘導することができてしまいます。

　権威には2種類の要素が強く影響します。1つめの要素はシンボルです。制服を着てメガネをかけている警察官が目の前にいたら、実際の人柄を知らなくても規則正しく正義感が強い人だと思い込むことで、この人の前では誠実にふるまおうと行動してしまいます。もう1つの要素は付随情報です。誰と知り合いであるとか、専門知識を語られると、ついすごい人に違いないと信じてしまいます。この2つの要素を用いて次のような権威の補強ができます。

- 肩書き：職業、学歴、役職、仕事での実績や受賞歴
- 服装：特に医師、警察、パイロットの制服は効果が高い
- 装飾品：高級な時計やメガネ
- 所得や生活水準：お金の使い方や住まいの情報
- 人間関係：血縁、普通では知り合えない人、有名人、成功者
- ふるまいや話し方：堂々としている、専門用語を使う

　シンボルと付随情報の権威をふんだんに偽ると、詐欺師が成立します。映画『キャッチ・ミー・イフ・ユー・キャン』でも有名なパイロット・医師・弁護士になりすましていたフランク・アバグネイル、軍人や王族の血筋という肩書きを利用して結婚詐欺を繰り返していたクヒオ大佐、海外の学歴などで実績を偽っていたコメンテーター、みんな権威の力を借りて、人々をだましています。

　権威にはなぜ力があるのでしょうか。これについては、心理学で有名なミルグラムの実験による、服従の心理が参考になります。ミルグラムの実験は、被験者に役割を与えて権威を持たせると、普通の人でもえらそうにふるまい相手を支配するようになる、という行動を観察したものです（ただし、この実験には不確かさや反論が挙げられています）。この実験結果からわかることは、誰でも権威が関わると支配や服従の意識がはたらく可能性があるということです。権威者に服従してしまう心理は、次のような点

が挙げられます。

- 専門性に頼るのが楽だから
- 競ってもかなわないから
- 自分には縁のない世界だから

　一言でいうと「自分より上にいて距離が遠い」アンフェアな関係です。ですが、一方で世の中はフラットな関係性を求める傾向が強まっています。国家と市民、年配者と若者、サービス提供者とユーザーなどの上下関係の差は、だんだんと小さくなっています。お互いに頼り合う「信頼」を築くためには、基本はフラットな関係でありながらも、ときには専門家として頼られる場面で権威を用いる、といった適材適所の使い分けが望ましいといえます。

活用方法

活用1. 専門家の裏付けを述べる

　自身の発言に信頼性を高めたい場合、相手の立場とは違った専門家としての発言を意識することが大事です。話し方のコツは「それは…です、なぜなら…だからです」というように、専門家だから語れる裏付けを付け加えることです。ただし注意点もあります。それは、知識をひけらかさないことです。相手への信頼は実績や経験に基づくもので、知っているだけで自身の言葉で語れない発言は、相手も実がないと感じ取ってしまいます。

活用2. 引用を使う

　相手への信頼が積み重なっていないと、新しい提案を簡単には受け入れてもらえません。そこで有効なのが、引用（クオート）です。例えば、偉人の名言をスクリーンに映して提案を後押しさせる、といったテクニックがあります。よい意味での「虎の威を借る狐」戦法です。ビジネスシーンでは

数値でインパクトを強調する方法が多く見られますが、相手から納得や共感をしてもらいたいときには、引用は高い効果をもたらします。

活用3. ユーザーの言葉を代弁する

　会社の上司やクライアントなど、自分より立場が上だと意識している人に対しては、権威を用いることが難しくなります。そのような中で、商品やサービスの企画やデザインが優れていることの理由を伝えるときは、自分の言葉ではなくユーザーの声を取り上げることで、権威の力を活用することができます。企画や調査に取り組む中でユーザーインタビューなどを行い当事者の発言を引き出せると、上司やクライアントとの上下関係を切り離して、フラットな立場で話し合いができるようになります。

バイアス 2.

人は周囲に
左右される

　バイアス1の「相手を気にする」が直接的であることに対して、バイアス2の「周囲に左右される」は間接的な影響力を持ちます。「郷に入っては郷に従え」という言葉のように、人は周辺の環境だったり社会のムードに影響を受けずにはいられません。周囲を意識すると、協調性を重視する気持ちや、集団から外れたくない気持ちも生まれ、物事を相対的に捉えるようになります。

バンドワゴン効果 （行列心理）

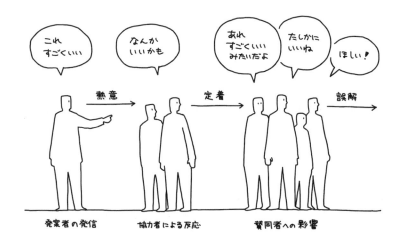

要約

- 人が集まっているとつられて参加してしまう
- 最初の人は内容に注目し、後に続く人は人に注目する
- 発案者と賛同者の間をつなぐ協力者がブームを広めるきっかけになる

行動の特徴

　バンドワゴンとは、音楽隊の行進で先頭を進む車のことです。バンドワゴンの後に隊が続いて歩くことから、人が流行に乗る現象を意味します。日常生活でも、人の群れ・サクラ・行列などに人が集まる現象は、このバ

ンドワゴン効果に当てはまります。「みんな見ているから行ってみよう」とか「何の行列か知らないけど並んでみよう」という行動です。

　バンドワゴン効果は、周囲の人が認知しなければ起こりません。店舗であれば行列、広告であれば露出の多さや口コミの頻度、デジタルサービスであれば「イイね」の数などです。なので、対象ユーザーの生活習慣や行動範囲の中で触れる接点が少なければ、広がる範囲も限られます。

　ブームで集まっている人は、みんなが同じ動機ではありません。最初に着目した人は「面白い」や「欲しい」など、明確な意志を持っていますが、後に続く人は「人がいるから行ってみよう」と、話題になっているモノやコトに着目しているわけではありません。人に着目しています。

　ブームは、発案者→協力者→賛同者の流れで広まっていきます。この中で特に、間の協力者をどう振り向かせるかがカギです。TED Talkで有名なデレク・シヴァーズの『社会運動はどうやって起こすか』という3分程度の動画があります。踊っている1人に対して、誰かが一緒に加われればムーブメントは起きるけど、誰かが続かないと1人がずっと踊っているだけで終わります。ここからの学びは、はじめは大多数ではなく、少数のファンに向けて仕向けることです。不特定多数に目を向けるのではなく、最初のファンや仲間を大事にしましょう。

　この現象を数多くつくり出している、バンドワゴン効果の達人は、みうらじゅんです。彼がこれまで仕掛けた流行は、ざっと挙げてもこんなにたくさんあります。マイブーム・ゆるキャラ・クソゲー・仏像（見仏記、阿修羅展、フィギュ和）・シベ超など。この数々の現象を、企業組織でなく広告業界の人でも芸能人でもない1人がつくりあげています。

　ブームは、広告や宣伝にお金をかければ、必ず起こるものではありません。みうらじゅんの『「ない仕事」の作り方』の書籍をもとに、ブームを起こすための実践テクニックを行動経済学の観点で整理してみます。

活用方法

活用1. まず自分が好きになる

　まずは発案者がきっかけをつくります。ブームは、誰かが注目して取り上げなければ話題になることもありませんが、周囲の動向を意識ばかりしていると、既定路線のことにしか関心が向かなくなります。そこであえて他の人が興味を持たないようなものに没頭してみることで、これまで知らなかった魅力に気付けるようになります。ブームは誰かの「好き」から始まります。企画した当事者が、好きな気持ちや熱意を持っていないと、ユーザーにも伝わりません。

活用2. 名前を付ける

　次に発案者が熱意を持って、協力者に伝えていきます。ですが、まだ世の中にないものをそのまま話しても、相手にはなかなか理解してもらえません。そこで有効な方法は、ネーミングでカテゴリを印象付けることです。例えば、ゆるキャラは「ゆるい」＋「キャラクター」の合体です。記憶に残るような名前を付けることで、これまで存在しなかった、新しいカテゴリが認知されるようになります。

活用3. みんなの解釈にまかせる

　協力者の認知が定着して、賛同者が広めてくれるようになると、ブームが起きます。ただし、その過程ではじめに発案者が設定した定義から、伝わり方は変わることがあります。そこで無理に情報をコントロールしようとするのではなく、自然の流れでまかせておくことが大切です。ブームとはボトムアップで起こる現象なので、厳密にルールをつくりすぎず、統制的ではなく民主的な姿勢が大事です。言い換えると、解釈が人それぞれ持てる方が話題になりやすいともいえます。

ハーディング効果 （少数派は不安）

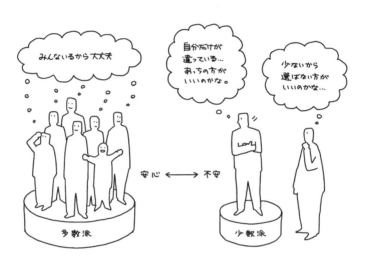

要約

- 多数派の存在を知ると群れたくなる傾向がある
- 多数派の所属は安心できて、 少数派の所属は不安になる
- 少数派の不安をあおると行動を変えやすいが、 負の印象が強くなる

行動の特徴

　少数派は、あまり心地よくありません。人は「周りはみんなAなのに、自分だけB」という状況だと、不安を感じてBから脱却する行動をとろうとします。このような、多数派に影響を受けることを「ハーディング効果」とい

います。ハーディング（Herding）は「群れ」の意味です。

　木を見る西洋に対して森を見る東洋、といった思考の違いがあるように、アジア圏の人は周囲との関係性を強く意識します。加えて、空気を読む日本人は、さらにこの傾向が顕著に表れます。このことを象徴とした例に、沈没船ジョークというものがあります。沈没しかけている船に対して、船長は各国の人に、それぞれ伝え方を変えて海に飛び込むよう説得しました。ステレオタイプではありますが、国ごとの特徴をよく表しています。

- アメリカ人：ヒーローになれますよ
- イギリス人：あなたは紳士ですよ
- ドイツ人：飛び込むのはルールです
- イタリア人：飛び込めばモテますよ
- フランス人：飛び込まないでください
- 日本人：みんな飛び込んでいますよ

　少数派の不安心理は、行動を変えるきっかけになります。イギリスの税関庁と内閣府の行動洞察チームは、期限内に納税をしない人に対して実証実験を行いました。その内容は、督促状を送る際に一番効果があるメッセージは何かを調べたものです。言葉の違う5種類を比較したところ、一番効果があったのは、少数派であることを最も強調したメッセージでした。「イギリスにおいて10人のうち9人は税金を期限内に支払っています。あなたは今のところまだ納税していない非常に少数派の人になります。」という文言です。

　ハーディング効果は、ときに選択肢の誘導にもつながります。みんなの意見が明らかに間違っていても、自分の意見に賛同者がいないと、「もしかしたら自分が間違っているのかも」と、考えを変えさせてしまう影響力があります。個人の意見を重視するアメリカでも、こういった傾向は見られるそうです。

　広告などで、商品やサービスの乗り換えをうながすために、不安をあおる内容はよく見られます。それは1つの方法ではあるけど、みんながこの方法を多用すると、結果として業界全体にネガティブなイメージが強くな

り、長く使い続けてくれることにはつながりません。不安だけではなく、こっちは楽しいよ、安心できるよ、といったポジティブな伝え方にも目を向けましょう。

活用方法

活用1. 具体的・段階的に書く

　ユーザーに行動してもらうには、印象に残る短い言葉だけではなく、なるべく具体的に意図を伝えることが大事です。イギリスの実験でも「10人のうち9人は」では、大きな行動変化は見られなかったけれど、「あなたは少数派です」という言葉を加えたことで、納税する人の割合は増えました。順に要点を押さえつつ、冗長にならない文章構成を意識しましょう。インターネットが普及してから、人は長い文章を読むことに抵抗が少なくなってきたので、必ずしも短くまとめすぎる必要はありません。

活用2. 不安よりも安心を伝える

　ユーザーが不安に感じていたら、すぐに安心を伝えることが大事です。自身の体験を紹介します。海外出張をしていて数日経ったとき、SMSに「大幅に通信量がかかっている可能性があります」と連絡があり、不安だったのでサポートセンターに電話をかけました。そのとき出た相手は開口一番「大丈夫ですよ」と、安心を伝えてくれました。ついでにいうと、相手の声は非常に落ち着いて頼もしさを感じさせる話し方でした。その後、1つずつ状況を確認して問題ないことがわかり、こういった状況は自分だけではないことだとわかり通話を終えました。このサービスに満足したのは、いうまでもありません。

活用3. 少数派の居場所をつくる

　スポーツチームやアイドルグループなどでも、少数派のファンは一定数

います。少数派がいなかったら、多数派は楽しくありません。なので、少数派も大事にしましょう。もしあなたが、2番手3番手の少数派に向けたサービスや商品を扱っていたなら、ユーザーを安心させることを意識しましょう。例えば、少数派ならではのコアなファンがいることを伝えたり、1番手にはないエッジのある魅力があることを強調するなどです。コツは、少数であっても「あなただけではない」と伝えることです。

ナッシュ均衡
（お互いさまの関係）

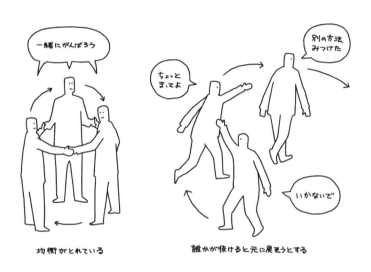

要約

- ● ナッシュ均衡とは三角関係のようなもの
- ● 実はライバルとの関係でバランスは成り立っている
- ● お互いさまの精神が長期的な関係構築につながる

行動の特徴

「ナッシュ均衡」とは、抜け駆けができない状態を意味します。

人の三角関係で考えてみましょう。男性は2人とも1人の女性のことが好きだけど、お互い仲良しです。女性も男性2人と仲良くしていたいと

思っています。なので3人の関係は良好です。だけどあるとき、1人の男性が女性に告白しようとします。他の2人にとっては望んでいないことです。女性は告白しようとする男性と距離を置こうとして、男性2人は敵対する行動を取り足を引っぱり合い、それぞれの関係性を調整し合います。

このように、お互いのバランスを保つためには、抜け駆けしないことが一番の方法であるという状態を、ナッシュ均衡といいます。ビジネスにおいても、この考えは同じように当てはまります。複数社の競合サービスとユーザーの三角関係や、企業同士の間で均衡がとれている例をいくつか挙げてみます。

- 高価格帯のホテル／低価格帯のホテル
- ショッピングモールの和食／洋食／中華
- 自動車のメーカー／ディーラー／中古車販売店

多くのビジネスは、相手との関係で均衡が成り立っていることがわかります。もし、あるお店が商品を値下げすると、競合店舗が対抗するために追従して値下げ合戦になります。すると、結果的にどのお店も利益率が下がってしまいます。あるいは1社だけが残り、その結果ユーザーは選択肢を失ってしまい市場が停滞することになってしまいます。一見、競合だと思っていた相手と協力することが、実は自分にとって便益となる、ということがナッシュ均衡の関係から気付くことができます。わかりやすい言葉でいうと「お互いさま」です。

この均衡が取れている状態は、三方よしの考えにもつながります。三方よしとは、近江商人が大切にしていた「買い手よし」「売り手よし」「世間よし」で、持続的に循環するビジネスモデルを表したものです。ビジネスを三角関係で捉えることで、ユーザーにとっても、会社にとっても、長期的によい関係が考えられます。

活用方法

活用1. ベン図を使う

　複数の丸が重なった図をベン図といいます。円と円の間に重なる部分がありますが、ここが「お互いさま」の領域です。ベン図を使うと、会議の中で誰かが「1つの要素は外そう」という意見が出た場合、「1つ外すと他の2つにも影響が出て全体が崩れます」という説明ができるようになります。

活用2. 競合との違いに着目する

　3C分析というビジネスフレームワークがあります。3Cとは「自社」「競合」「市場」のことです。3Cを用いると、自社と競合の共通点と住み分けの関係性を知ることができます。例えば、値下げなど価格の差別化はどの会社にも共通するので競合に後追いされますが、他社にうまみがない差別化は後追いされにくいので、競合との均衡は保たれます。共通点と相違点に着目してみましょう。

活用3. 相互依存を自覚する

　これからの商品やサービスには、「ビジネス」「テクノロジー」「クリエイティブ」のパワーバランスが取れていることが大切だといわれています。もし、ビジネス（営業部門）の力が強すぎると、短期的な売り上げ目標のためにブランドイメージが損なわれることがあります。テクノロジー（開発部門）の力が強すぎると、性能に偏りがちです。クリエイティブ（デザイン部門）の力が強すぎると、収益性への配慮が欠けがちです。3者のバランスを保つためには、全体を見る立場の存在や、自分とは異なる相手への理解が欠かせません。

17 希少性
（失いかけると欲しくなる）

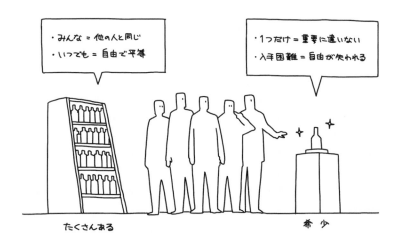

要約

- 希少性が高いものを入手できないと不利になると考えてしまう
- 希少価値は希少性を広めるメディアによって認知される
- 希少性の関心はモノから体験にシフトしつつある

行動の特徴

　新型コロナウィルスのニュースが広まったとき、商品の品薄が目立ちました。マスクやハンドソープが店頭にないと、その商品が希少だと感じてしまいます。価格が高くても買おうとするし、家にストックがあるにも関

わらず買わなければと考えてしまい、正しい判断をにぶらせます。

希少性が引き起こした出来事は、過去にもありました。

- スニーカーブームのときのNIKE AIR MAX95
- 高校生を中心に流行った、たまごっち
- 東日本大震災のときのペットボトル飲料の品薄

希少である状態に対して、人が非合理な判断や行動をしてしまうのには、2つの理由があります。1つは、入手困難＝重要なものに違いないと考えるからです。もう1つは、入手困難＝自由を失うことに反応するからです。そして、この根底にあるのは競争心理です。持たないと相手よりも不利な状況になってしまう、という不安から起こっています。

希少性が認知されるまでには、2つの段階があります。まず、希少であることに過剰に反応して極端な行動をする少数派が現れます。ただ、その時点で多くの人はまだ落ち着いています。しかし、一部の過剰な行動がメディアを通じて知れ渡ると、多数派も本当に必要かどうかに関わらず「なくなるかもしれないから買わないと！」と思って追従してしまいます。これが品薄につながり、希少性が高まる結果となります。

希少性に注目が集まり流行が広まるのは、中間層がカギです。これはバンドワゴン効果とも共通点があります。なので変な話ですが、本当に希少だと誰も目をくれず、ある程度は市場に認知や浸透がされないと、希少性の効果は生まれません。

希少性の仕掛けを利用したサービスは、世の中に多くあります。例えば旅行サービスでの「残り○室」や、ネットショップでの「あと在庫○個」はネット上で多く目にします。データ活用によって、数字をほぼリアルタイムに提示できるのは、ユーザーが検討判断をする上でよい面もあるけど、いたずらに希少性をあおる悪用にもつながりかねません。

21世紀になり、限定品や高額商品に対する希少性の相対価値は下がっています。その理由は、情報化社会やシェア文化が浸透してきたからです。今後はモノだけではなく、人と人との接点であったり、滅多にない機会などの体験を重視した希少性がより重要になります。

活用方法

活用1. 人の存在を希少にする

　多くのモノや情報があふれるようになってから、希少性の価値は人に移ってきました。人気のYouTuberやブロガーなどは希少性の高い人たちだといえます。誰がその商品やサービスを使っているのかよって、人々の影響力は大きく変わります。企業からの一方的な紹介ではなく、彼ら／彼女らがいるからこそ、追従する人が増えてそのサービスは人気を集めます。フォロワー数などの数字やステータスといった可視化された情報は、その人が希少な存在である指標となります。

活用2. 時間を希少にする

　ネットの普及によって、場所の制約がなくなりました。その結果、みんなが自由に情報にアクセスできるので、時間に対する希少価値は相対的に上がってきました。例えば、期間限定のオンラインセールや、ライブ配信をリアルタイムで観られてコメントを送れることなどです。時間は誰にとっても平等なので、特にデジタルサービスで時間限定のサービスを提供することは健全な方法だといえます。

活用3. リアルな接点を希少にする

　一方で、多くの情報がアクセスしやすいからこそ、リアルな場での出会いや体験はより希少性を増します。講演会、店頭イベント、ライブ、アウトドア、オフ会などの市場は、デジタルが普及しても依然として人々の注目を集めています。新型コロナウィルスの影響で外出ができないような状況では、より実感できることです。

活用4.リアルとデジタルを両立させる

　リアルとデジタルを切り分けるのではなく、融合させることによって、希少性の価値をより高めることができます。藤井保文と尾原和啓による書籍『アフターデジタル』では、リアルとデジタルの2つの関係性を的確に説明しています。テックタッチ（デジタルの接点）は数の接点を広げる量産が得意ですが、リアルタッチ（対面での接点）は深いコミュニケーションで接点の質を高めることが得意です。用途に応じて量の接点を質の接点を組み合わせると、ユーザーとの強いつながりがつくれます。

18 社会的証明
（何かに頼りたい）

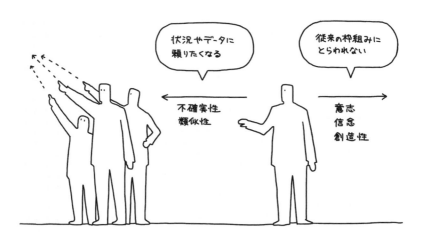

要約

- 何かに頼りたいときは不確実性と類似性が要因となる
- イノベーションと社会的証明は背反する
- 社会的証明から脱却するには内面からの強い意志が大事

行動の特徴

　自信がないときは、何かに頼りたい気持ちになります。社会的証明とはそんな気持ちを後押しするものです。何かに頼りたくなる要因は2つ、不確実性と類似性があります。

まず不確実性についてです。これまでの経験が通じないときは、周りの行動に影響されてしまいがちです。例えば「新型コロナウィルスの影響であの会社が出社禁止をしているから、我が社も禁止にしよう」とか、「誰も動いてないから、静観しておこう」と考えてしまいます。

　次に類似性についてです。誰かが先行したことに影響を受けると、自分もつい追従してしまいます。例えば、流行のファッションを真似たり、周りが笑っていると自分も楽しい気持ちになったり、怖いことに自殺の後追いが発生してしまう現象も同様です。

　この２つを要約すると、社会的証明は自分よりも他者（周囲）に判断をゆだねる心理、といえます。近年は、不確実性の高い時代です。そして「従来の枠組みにとらわれないイノベーションが必要」ともいわれます。でも現実には、不確実性が高いときほど、社会的証明の心理が強くはたらいてしまいます。周りの状況を気にして行動したり、コミュニティなどの集団に帰属する傾向が強まります。これはビジネス側にもユーザー側にもいえることです。

　イノベーションは、信念や意志あるいは創造性といった、自身の気持ちから生まれます。エッジの立った企画を社内に通すときにやってはいけないのは、安易な数値的根拠の提示です。市場データの裏付けやアンケート結果で「大丈夫です」と伝えるのは、社会的証明を助長するだけで、新しいことに向かう気持ちとは逆行します。社会的証明に自分自身がとらわれないよう、周囲の目はそこそこにして、内面から湧いてくる気持ちを大切にしましょう。

活用方法

活用 1. クリエイティブ・リーダーシップを取る

　変革を起こすのは、いつの時代でも周囲に反対されながらも、意志を持ってやり通した人たちです。これを最も象徴しているのが、Apple の有名な「Think Different」のキャンペーンです。リーダーシップを取る人が、周囲の状況やデータに踊らされることなく、勇気を持って他とは違う決断

をすることからイノベーションは生まれます。新しい何かをしたいのであれば、社会的証明に頼らずに、創造的なリーダーシップで推進することが大切です。

活用2. 少数意見を受け入れる

　テプラやポメラなどのヒット商品で知られる、事務用品・文房具メーカーのKING JIMは、ユニークな仕組を社内に取り入れています。それは、開発会議で役員の多くが反対しても、1人が「よい」といえば商品企画を進めていいルールがあることです。多数決や話し合いの調整で無難な結論にしないで、少数意見を取り入れています。多様性はイノベーションを生み出すきっかけになる一方で、全員の意見を取り入れてしまうとエッジの立った企画が通りにくくなる障壁にもなります。だからこそ、少数意見を尊重する文化を組織に根付かせることが重要です。

活用3. 心を打つストーリーで伝える

　提案した内容に対して、相手が無難な案を選ぼうとすることはよくあります。これは、新しいものに対する不安の表れで、そんな人たちの気持ちを変えることは簡単ではありません。このような状況を突破するときには、データの裏付けではなく一歩踏み出すための「ストーリー」で伝えることが大切です。そしてそのストーリーも、社会的証明に依存しない、クリエイティブな内容であるべきです。CMなどを見ても、組織が大きいほど平均的で無難なストーリーを描きがちです。1人の強い想いから生み出された映画やマンガからは、相手の心を打つストーリーが学べるので参考にしてみてください。

19 傍観者問題
（みんな見て見ぬ振り）

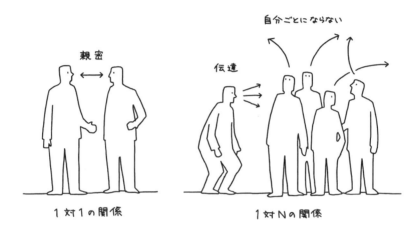

要約

- 集団の中では、人は自主的な行動を取らずに他人に頼る
- 相手の顔が見えていると気づかい、見えていないと自分勝手になる
- 物理的・心理的距離感によって社会的な関係性は変わる

行動の特徴

　1964年、ニューヨーク州で起きた事件で、嫌な記事が掲載されました。それは「38人の目撃者は、殺人者が3度にわたって凶行を繰り返すのを、誰1人として警察に通報しなかった」というものです。社会心理学による

と「悲惨な事件の目撃者が複数いる場合、目撃者たちはその悲劇に関わろうとしなくなる傾向がある」ということです。このことを「傍観者問題」といいます。

　仕事や試験などでミスを防ぐためのトリプルチェックは、実はダブルチェックに比べて、同等かむしろ品質が下がる可能性があります。1人に比べて複数人が関わると、責任意識が弱くなってしまうからです。他にも、意思決定をみんなで行おうとすると無難な結論になりがちで、決定の質が落ちる集団浅慮に陥ることもあります。これらはいずれも、1人が主体的ではない傍観者の立場が影響しています。

　傍観者が当事者意識を持たない背景は3つあります。1つめは、他人の目がないと自分勝手な考えをするからです。2つめは、相手との距離が遠いからです。3つめは、相手を特定ではなく匿名の人物と認識してしまうからです。

　バイアス1で紹介した社会的選好の中で、独裁者ゲームの例を紹介しました。人は相手がいると、お金を独占せず相手にいくらかを渡す傾向が見られます。このことの裏返しとして、実は相手が見えていなければ、人はズルをしたり自分のエゴが強くなるということも明らかになっています。対して、周囲の人の目が気になる環境にいる場合は、社会的な行動をするようになります。行動経済学者のダン・アリエリーは「顔のある犠牲者効果」という実験で、1人の顔が見えているかどうかで寄付の金額は変わることを述べています。周囲の目は、顔がなくてもパトカーや監視カメラなどには同様の効果があります。

　相手との物理的な距離も、傍観者問題には大きく関係します。目の前で揉めごとが起こって、目が合ってしまったら助けようと考えて行動をする意識がはたらきます。でも、当事者との距離がちょっと離れていたら、面倒ごとに巻き込まれたくないなと思い、なるべく近づかないようにするはずです。さらに、だいぶ離れていて他にも多くの人がいたら、誰かが対処してくれるはずと考えるようになります。

　相手が誰かによってもユーザーの行動は変わります。例えば相手が知り合いだったり、聞いたことのある名前だったら、何か行動しようと考えるはずです。でも、会ったことのない人や自分と生活文化圏がまったく違う

人だと、関与の度合いは低くなります。このような心理的な距離によっても、行動は変わってきます。

　もし、ユーザーが商品やサービスに対して積極的に関与をしていない状態であれば、傍観者の立場である可能性が高いはずです。ソーシャルディスタンスという言葉が広く認知されるようになりましたが、ユーザーが当事者意識を持って行動につなげるためには、どうすれば心理的なソーシャルディスタンスの距離感を縮められるかを意識してみましょう。

活用方法

活用1. 名指しで語りかける

　相手を特定することで、距離感を縮められる効果があります。ベテランの店頭販売員は「そこの帽子をかぶったお客様」など、個人が特定できるように語りかけることで、商品に目を向けてもらう機会をつくっています。ホテルのエントランスやウェブサイトなどでも「○○さん、こんにちは」という語りかけをする場面が見られます。特にデジタルでユーザーのデータを活用すると、全員ではなく1人に向けた細やかな施策ができるようになります。ユーザーの関心がいまひとつで傍観者的な立場を取っているときは、One to Oneのコミュニケーションを意識してみましょう。

活用2. 周囲の目を使う

　人は周囲の目があれば社会的にふるまい、奇異な行動はしなくなります。反対に周囲の目がなければ、良くも悪くも自分に正直な行動をします。この2つを使い分けると、ユーザーに対して適切な関与度合いを調節することができます。例えば、多くの人が見るSNSや公共空間では、他人の目が感じられる要素を入れて、個人間のやりとりの場面では、自分の部屋にいて誰かの目を気になくてもいいような場にする、といった表現の使い分けができます。

活用3. カジュアルに接する

　ある程度ユーザーとの関係性が築けたら、友達や家族と話すような言葉を使うと、相手との距離をぐっと縮めることができます。例えば方言を用いたり、相手がよく使う言葉を真似て使うと、自分との仲間意識を想起させることができます。初対面のときに自己紹介で自分を相手に知ってもらう方法も、匿名の誰かからある1人と認識を変えて、親しみを持ってもらえる効果があります。

バイアス 3.

人は時間で
認識が変わる

　人にとって時間は一律ではありません。機械は 10 年前の記録も 1 日前の記録も、同じように思い出せますが、人は 1 日前の記憶に対して、10 年前の記憶は鮮明に覚えてはいません。また、時間が積み重なっていくと、経験則で今まで通りのやり方が馴染んで変えたくないと考えてしまったり、一方で取り組む前と後でまったく違う考えを持つようにもなります。

ヒューリスティック（近道思考）

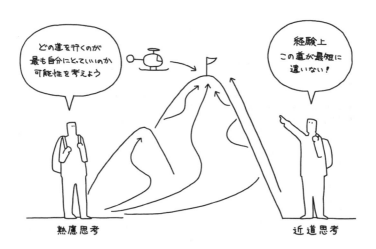

要約

- 経験則や常識を持つと近道思考ですぐ結論づけようとする
- 近道思考は時間や労力がかからない利点がある
- 一方で偏見や盲点の落とし穴に気づかない欠点もある

行動の特徴

　ことわざの「石橋を叩いて渡る」は、ヒューリスティックを回避する方法をよく表しています。ヒューリスティック（Heuristic）の語源は、探し出したり発見するのに役立つ、といった意味合いのギリシャ語です。行動経

済学では、経験則によってある程度答えを直感的に発見できる方法のことを意味します。

　ヒューリスティックの長所は、短時間で労力をかけずに実施できることです。一方で短所は、ヌケモレや思い込みなどの落とし穴に気付きにくい、ということが挙げられます。よく知られた例に「リンダ問題」というものがあります。次のプロフィールを読んでみて、AとBのどちらが当てはまるかを考えてみてください。

　《リンダは31歳、独身で社交的かつ聡明な女性である。大学では哲学を専攻し差別や社会正義などの問題に関心を持ち、反核運動のデモに参加していた。A. リンダは銀行員だ　B. リンダはフェミニズム運動に参加している銀行員だ》（『ファスト＆スロー　あなたの意思はどのように決まるか？　上』　ダニエル・カーネマン著／村井章子翻訳／早川書房／2012年）

　リンダは反核運動に参加はしていても、フェミニズム活動をした事実はありません。ところが、人は勝手に2つを思い込みで結び付けて考えてしまい、多くの人はBの方を選びます。このように、ヒューリスティックは素早く判断ができる一方で、分析的な視点を見落としてしまうことがあります。

　人は日常的に、ヒューリスティックを使います。例えば、橋を渡るときは「橋は崩れない」という思い込みを持って歩きます。本当に橋が崩れない保証はないけれど、渡るときに毎回いちいち検証していたら、生活が成り立ちません。このように、常識を疑うとすごく時間と労力がかかってしまいます。機械ならどんな小さなエラーでも見つけて処理を止めますが、人はそういったことを無意識に排除しています。

　ヒューリスティックは他にも、不安な気持ちのときは坂道がいつもより急に見える、少ないものが欲しいものだと勘違いしてしまう、自分中心に物事を考えてしまうなど多くの種類があり、他の行動経済学の理論の土台にもなっている考え方です。

　ヒューリスティックは、日本語だと「近道思考」という言い方がしっくり当てはまります。そして、経験則が必要とされるときには近道思考を積極

的に使ったり、反対に見落としをなくしたいときには近道思考を意識的に取り除いたり、状況に応じた使い分けができると、商品やサービスの企画・開発に役立ちます。

活用方法

活用1. 新しいものほど慣れ要素を入れる

　見たことのない新しい製品・サービス・仕組みは、これまでの経験則が通じないので、ユーザーははじめ使い方に戸惑います。ここにヒューリスティックを活用できます。iPhoneが登場したときの初期画面や操作は、経験則でわかるデザインになっていました。例えば、ボタンやアイコンは従来の表現となるべく合わせたり（虫メガネが検索のアイコンになっているなど）、操作手順がこれまでのApple製品と共通しているなどです。新しいものほど、これまでの経験則が活かせるユーザーインターフェイスが有効です。

活用2. 素人思考とプロ思考の切り替えを意識する

　大胆なアイデアを考えるときは、ヒューリスティックが邪魔になります。経験則と常識で「こうだろう」と判断してしまうからです。なのでこのような場合は、意識的に素人になって常識を疑ってみましょう。あるいは、自分と違う専門や考え方を持つ人をチームに加えることで、多様性によって経験則と常識を外すようにしてみましょう。一方、開発段階ではヒューリスティックを活用することで、経験則に基づいて効率的に品質を高めることができます。状況に応じて、素人思考とプロ思考を使い分けましょう。

活用3. ありのままにリサーチする

　世界的に活躍しているビャルケ・インゲルスが率いる建築事務所のBIGは、設計予定の現地を訪れてリサーチするとき、無理な意味付けをしない

ことを重視しています。現地を歩いて人と話をして、周囲を歩くことで感じられる気付きを得て、そこから設計案につなげます。ヒューリスティックによる思い込みで結論付けてしまうと、普段気付かないような見落としがあったり、経験則で考えてしまうので、他と同じような解決策になりがちです。このときに行われるリサーチは正解を検証するものではなく、ヒントを発見するためのものです。ありのままに取り入れるような態度や心構えが必要です。

21 現在バイアス（今が大事）

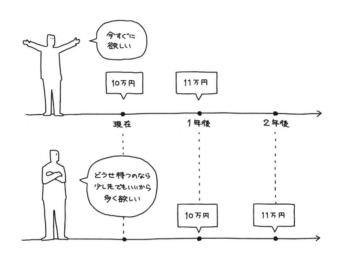

要約

- 今にとらわれると大事なことを後回しにしてしまう
- すぐに得られる報酬があると短期的な結果を優先してしまう
- 近い将来に対して遠い将来は想像がしにくい

行動の特徴

　判断に時間の概念が加わると「今が大事か、それとも将来が大事か」といった選択肢が生まれます。夏休みの宿題や仕事など、人は大事なことがあっても、目先の状況を優先して、本来やるべきことを後回しにしがちで

す。このことを「現在バイアス」といいます。

　人は将来性が不明確だと、すぐ確実に得られる目先のことを優先してしまいます。3つの研究事例からこのことを理解してみます。

　1つめは、マシュマロ・テストという実験で、子どもがマシュマロを食べるのを我慢できるかを観察したテストです。我慢できたら後でマシュマロをもう1つもらえますが、目の前にマシュマロがあると、子どもはつい手を出してしまいます。このテストからわかったことは、「気を紛らわせると我慢できた」「我慢した子の中には自分で気を紛らわす方法を考えた」「我慢できた子は成人してから社会的・学業的に優秀だった」ということです。先の予測を立てられる力が、将来に影響することがわかります。

　2つめは、お金と時間の関係についてです。学生を対象に、現在をどのくらい重視するかを調べた実験結果があります。今すぐ10万円をもらえるか、1年後に11万円をもらえるかでは、今すぐを選ぶ人が多数でした。ところが、1年後に10万円をもらえるか、2年後に11万円をもらえるかでは、2年後を選ぶ人が多数でした。このことから、今か将来かでは大きな差がある一方で、将来の時間の幅に対してはあまり差を感じていないことがわかります。つまり「今かどうかが問題だ」といえます。

　3つめは、動物の2つの行動パターンについてです。鳩を対象に、すぐに餌が出るボタンと、ちょっと待つけどたくさん餌が出るボタンを用意します。すると、鳩はすぐ出るボタンの方を押すようになります。これはマシュマロを我慢できない子どもと同じ行動です。一方、ボノボやオラウータンには、後で使う道具を保管する習慣があり、他の動物にも食糧を備蓄する行為が見られます。これは、今にとらわれず将来性を計画した行動です。この観察から、すぐ確実に得られる誘惑に対しては短期的な報酬を優先するけど、将来に関することは長期的な報酬を優先する、ということがわかります。

　大人だって、報酬があったらすぐに欲しくなるものです。目の前にアイスクリームがあったら食べたいし、ビールがあったらすぐに飲みたくなります。目の前にある報酬が、今でも後でも変わらないなら今を大事にして、後々に影響するなら将来のために今は控えておきましょう。

活用方法

活用1.「今だけ」と「延命」を使い分ける

　行動経済学者のリチャード・セイラーは、書籍『行動経済学の逆襲』の中で、スキーリゾートの経営立て直しにアドバイザリーとして参画した実例を紹介しています。彼が打ち出した施策は、次の2点です。1つめは、オープン前に回数券を買うと割引価格でお得になるサービスです。これは、今買って得しようという心理を利用しています。2つめは、翌年の券も買ってくれたら、前年分の回数券も利用できるサービスです。これは逆に使い切れない分は延命させることで、後回しの心理を利用しています。

活用2.数年後より1ヶ月後の未来を見せる

　RIZAPは短期間の「2ヶ月で結果にコミットする」という広告で、注目を集めていました。これが、もし1年だったら印象は変わります。前の事例で紹介した、いつお金をもらえるかの実験についても、1年後と2年後ではなく、1ヶ月後と2年後であれば結果は変わるはずです。サービスの内容にもよりますが、なるべく短い期間でリアリティのある結果を示すことは、現在バイアスの心理のはたらきかけに効果的です。

活用3.自分にプレッシャーをかける

　TED Talkで、デレク・シヴァーズ の「目標は人に言わずにおこう」というプレゼンテーションの動画が観られます。この動画には現在バイアスに関する教訓が2つあります。1つめは「目標を達成したいなら人に言わないでおこう」、2つめは「言いたいなら自分にプレッシャーを与える状況をつくろう」です。話さずにはいられない人の場合、具体的な目標達成の指標を示して、1週間単位くらいで測定しておくと、将来のことであっても今やるべきことが意識できるようになります。

22 正常性バイアス（変化がキライ）

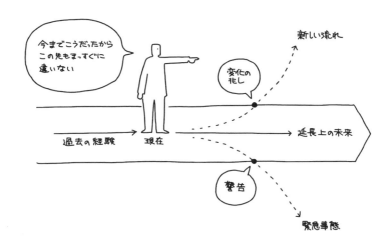

要約

- 過去・現在・未来を同一線上で考えてしまう傾向がある
- 多くの人は本能的に変化を拒み、兆しがあっても変化に対応できない
- 変化を起こしたいときは明確に強く打ち出す必要がある

行動の特徴

現状を変えたくない思考のことを、「正常性バイアス」や「現状維持バイアス」といいます。これまでに、映画館や地下鉄など密閉された空間での火災や地震が起こったときなど、災害発生時に警告があったにも関わら

ず、すぐに行動を移さなかった結果、多くの悲劇を招いた事故が数多く起こっています。

　人はある範囲までは、異常があっても正常の範囲内として処理する、といった思考がはたらきます。こう考える背景には、日々の微細な変化にいちいち反応していたら疲れてしまうので、人の心はある程度、鈍感にできているのだそうです。正常性バイアスのおかげで日々の生活が快適に過ごせる分、非常時の対応は遅れます。

　変化が起きても行動に移さないのは、いくつかの原因があります。1つめの理由は、すぐ自分ごとには受け止めないことです。1回目の地震が起きたとき、多くの人はその場に留まりますが、2回目が来ると、平常時とは違うことを自覚させられ行動を起こすようになります。2つめの理由は、自信過剰に陥りがちなことです。1回目の津波が小さめだと「大丈夫だろう」と考えてしまい、次に来る大きな津波を軽視してしまいます。3つめの理由は、権威に従って視野狭窄や思考停止になることです。飛行機で機長の指示は絶対と考えてしまうと、副操縦士は目の前に起こっている異常に気付かなくなります。

　現在バイアスと正常性バイアスは少し似ているので、違いについて整理しておきます。現在バイアスは、現在を起点に目先の利益を優先してしまうことで、長期的な計画では将来性を重視するけど、短期的な計画では目先の利益を優先する傾向があります。対して、正常性バイアス（現状維持バイアス）は、過去→現在→未来が同一線上にあると考え、現状に対する変化を拒むことを意味します。変化に対応できるかどうかが正常性バイアスに強く関係します。

　正常性バイアスのリスクは災害だけではなく、ビジネスでも変化を拒んだ（または気付かない）ことで、時代に取り残された会社やサービスは多くあります。これは特に、近年の日本の大企業の多くが抱える問題です。新しい競合が現れたときは、これまでの延長線上とは違う流れということを自覚する必要があります。

　ちなみに、映画ではよく、警告に対して人々が慌てて逃げて、パニックになるシーンが描かれますが、実際は「災害に巻き込まれても、人はパニックにはならない」ということです。ジャーナリストのアマンダ・リプリー

による書籍『生き残る判断 生き残れない行動』によると、9.11のときでも生存者は「誰もがとても落ち着いていた」といい、避難者は物静かで従順になっていたのだそうです。非常時には、パニックを恐れずはっきりと警告をして、まず正常性バイアスを壊すことに意識を傾けることが大切です。

活用方法

活用1. 端的に強く明確に示す

　曖昧なメッセージだと人は動きません。1977年に起こった、ビバリーヒルズ・サパークラブの火災では、「ボヤが発生しました。ここからだいぶ離れていますが、すぐに避難してください」という警告でした。この結果、人々はなかなか避難を始めず、164人が逃げ遅れました。曖昧な情報提供は、むしろ正常性バイアスを補強させることになりかねません。変化をうながすときは、次のような言葉づかいを意識しましょう。

- 端的か（遠回しではなくわかりやすい）
- 強いか（ハッとさせられる）
- 明確か（具体的に何をすればいいかがわかる）

活用2. 一瞬でわかるようにする

　警告をしても、周囲の環境が変わっていないと行動にまではつながりません。例えば、室内であれば照明を切り替えてしまうなど、視覚的に明らかに変わることを示す必要があります。視覚以外でも、音や温度など五感に訴える表現も効果的です。携帯電話で鳴る緊急地震速報のサウンドデザインも、明らかに平常時と違うことを警告する意図があり、それまでの雰囲気を断ち切ることができるようになります。

活用3. 賛同する

　みんなの行動を変えるには、最初のフォロワーが大事です。バイアス2のバンドワゴン効果でも説明した、TED Talkの『社会運動はどうやって起こすか』のプレゼンテーションは、このことを端的に示しています。1人だけでは変わり者に見られますが、勇気あるフォロワーが付くことで、全体への変化が起こせます。商品やサービスを提供する場面でも、フォロワーが手を上げやすい場の提供や、フォロワーの行動が他の人にも見える仕組みをつくると、ムーブメントにつなげることができます。

23 回想バイアス（つじつま合わせ）

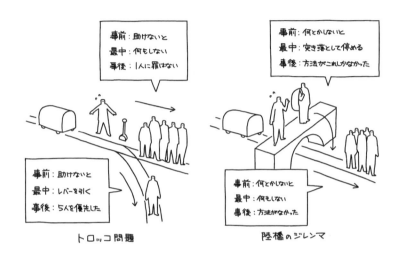

トロッコ問題

陸橋のジレンマ

要約

- 人は後付けで自分の行動を正当化する
- つじつま合わせは個人でも組織でも起こりうる
- 回想バイアスに対する問題は意識ではなく仕組みで解決すべき

行動の特徴

　人はおおむね、倫理性を自覚して行動します。ですが、たまに自分でも気付かずに、非倫理的な行動をしている場合があります。倫理性と社会性が交わると複雑になる理由は、マックス・H・ベイザーマンと、アン・E・

テンブランセルによる書籍『倫理の死角 なぜ人と企業は判断を誤るのか』の中で詳しく書かれています。

　倫理性が簡単ではないことを象徴する、トロッコ問題と陸橋のジレンマという、有名な思考実験があります。どちらも、線路の上に立っている5人はトロッコが迫っている状況に気づいていないというときに、あなたはどのような判断をするべきかを問うものです。

　トロッコ問題では、途中で線路が2つに分かれておりポイントを切り替えることができます。何もしないと、線路の先にいる5人がトロッコに轢かれます。線路のポイントを切り替えると、切り替えた先のレールにいる別の1人は死ぬけど、その代わりに5人は助かります。この場合は、どちらを選んでも倫理的な理由を述べることができます。

　陸橋のジレンマは、線路は1本ですがトロッコのレールの上に陸橋があり、陸橋にはもう1人がいます。何もしないと、線路の先にいる5人がトロッコに轢かれます。もう1人を陸橋から突き落とすと、落ちた1人は死ぬけど5人は助かります。この場合、人を落とす選択をした人は少ないはずです。なぜなら殺人だからです。トロッコ問題も陸橋のジレンマも、選択することによる2つの結果は変わりませんが、それぞれ倫理的に説明しようとすると、異なる理由を述べるようになります。

　思っていたことと、実際に取る行動が食い違うことは、よくあります。ただし、違っていたからといって、自分は間違っていたと考えを改めることはほとんどなく、その行動を正当化しようとします。このプロセスを、事前・最中・事後の3ステップで整理すると次のようになります。

　行動する前は、倫理観に基づいて毅然とした態度をとろうと考えます。ですが、実際に行動を起こすときは、状況に流されて事前の考えと違う行動を取ることがあります。行動した後は、結果を起点に事前に考えていたことを修正する、つじつま合わせを行います。ここに「回想バイアス」が関係します。

　つじつま合わせの正当化は、個人の領域にも、組織や社会といった大きな領域にも、どちらも起こります。個人の例では、募金する意思があると回答した数に対して、当日に募金した人は約半数になりました。募金しなかった人は、その日はお金がなかったなど理由を正当化します。組織の例

では、チャレンジャー号の爆発事故が挙げられます。開発会社は部品の不具合が確認されたので、一度は打ち上げ延期を提案したものの、NASAの機嫌を損なわないために、開発会社のマネージャーたちは、決行を正当化するデータを集めることに躍起になり、打ち上げ反対を押し切りました。この結果、悲劇的な事故が起こります。

　組織の倫理観が欠如するのは、次のような原理も影響します。

● 非公開：他人が見ていないと、手抜きや虚偽報告をする
● 間接性：関係者が複数になると責任の所在が不明確になる
● 茹でガエル：段階的に行うといつの間にか閾値を超えてしまう
● 結果偏重：結果オーライと考えてモラルが問題視されなくなる

　組織レベルでの倫理に反した行動は、例えばエンロンの不正会計や、サブプライムローンなどがあります。日本でも優良といわれていた企業が近年、不正会計や詐欺まがいの金融商品を売りつけるなど、信じられない事件が多発しています。ですが、これらを個人のモラルに言及しても解決されません。組織で起きる倫理問題は、個人の意識に対する教育ではなく仕組みで解決させるべきです。このように、倫理観は自分の心がけだけではコントロールできない、ということが理解できたはずです。

活用方法

活用1. 事前に宣言させる

　話していたことと、実際の行動が変わらないために、相手が行動する前に宣言させてみましょう。これはバイアス8で出てくる一貫性の効果が機能します。人は、一度話したことに対しては、一貫したストーリーを保とうとするので、その場次第での変更がしにくくなります。例えば入力フォームでは、最初に自分の意思を提示する場を設けると、その後の回答は実態とのズレが抑えられるようになります。

活用2. 最中に視線を入れる

　倫理観を考えていても、いざ行動すると現場の空気に流されそうなとき
は、その先を想起させる仕掛けが効果的です。ここで活用できるのは、現
在バイアスの応用です。例えば、後で母親にいう、上司に報告する、といっ
たことをユーザーが常に意識できるように視覚的に表示させられると、場
に流されず毅然とした態度を保つよう意識のはたらきかけができます。あ
るいは、誰かが見ているという環境をつくれば、逸脱したい気持ちの抑制
がかけられます。ここにはバイアス1で紹介したシミュラクラ現象などが
活用できます。

活用3. 事後に客観評価の仕組みを入れる

　チェック機能を、身内ではなく第三者評価を入れて、公開を前提にする
ルールを用いることなどで、つじつま合わせの言い訳を抑えることができ
ます。客観的に評価できることがポイントなので、コンピューターや自動
化された仕組みを活用し、なるべく人に依存しない仕組みを取り入れま
しょう。

エンダウドプログレス効果 （進むとやる気が出る）

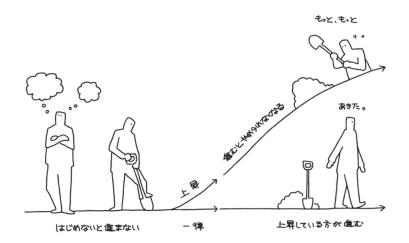

もっと、もっと

あきた。

上昇

進むとやめられなくなる

はじめないと進まない　　　一律　　　上昇している方が進む

要約

- 考え込むよりも手を動かして進んでいる方がやる気が出る
- 初動の敷居が低く成長が感じられるほど続きやすい
- 一方でやめられなくなるリスクもある

行動の特徴

　「案ずるより産むが易し」といわれるように、とにかく何かやってみた方が物事も進むし、やる気も出てきます。

　人は「だんだん良くなる方を好む」という傾向があります。これを上昇選

好といいます。ずっと同じ給料よりも、はじめは少なくてもだんだん増える方がやる気は高まります。このように、人は進んでいることを心地よいと感じます。

　質よりも量が大事であることも、進むことの効果に関係します。陶芸の教室で、成績を質で評価するクラスと量で評価するクラスの2つに分けたところ、優秀な作品をつくった生徒が多かったのは、量で評価するクラスの方でした。このことから得られる学びは「考えるよりも手を動かす」「失敗を経験した方が成功に近付く」「アジャイルが大事」などです。

　進みやすくするためには、初動の敷居をなるべく低く小さくすることが大事です。誰でも経験があることの1つに、締め切りは設定されていた方が、締め切りがないよりも早く手をつけます。なぜなら締め切りがないと、いつ始めればいいかを自覚していないからです。自分で決める締め切りは守りにくいもので、年初めに壮大な目標を立てても、3日後には忘れがちです。目標を立てた時点では、できた状態ばかりに意識がはたらき、初動を軽視してしまいます。先延ばしするかしないかは、最初の一歩を踏み出せるかが大きく影響します。

　一方で、進みやすい状態にはリスクもあります。一度手を出すとだんだんヒートアップして、途中でやめることができなくなる場合があります。ダイエットで自制していたのに、ちょっとだけ食べてしまったが最後、タガが外れて一気に暴飲暴食に走り、むしろ状態が悪化するかもしれません。他にも、ゲームのやりすぎ、依存症、過度な干渉、ケンカ、ドロドロの恋愛など、一度スイッチが入ると「やめられない、とまらない」の状態になってしまいます。

　ただし、この状態のよい面もあります。勉強にしろスポーツにしろ趣味にしろ、何かに没頭しているときは、一番成長につながる感覚が得られるようになります。この状態は、心理学者のミハイ・チクセントミハイが提唱した「フロー体験」といいます。ユーザーにとってはこのフロー体験が、最も心地よく、自分でどんどん進んで、高いパフォーマンスを発揮できる状況です。なので商品やサービスに対して、進むとやる気が出る仕掛けを用意することで、フロー体験につなげていけることは、ユーザーにとってもビジネスにとっても、好ましい状態です。

活用方法

活用1. はじめから進んでいる

エンダウドプログレス効果の代表例は、ポイントカードです。入会した時点でポイントが付いていたり、すでに1つスタンプが押されているカードをよく目にします。さらに、ポイントを集めていく途中で中間達成ポイントがあるのも、進めたくなる動機付けになります。他にも、プロフィールの入力欄で、すでに項目が入力されていたり、該当項目のチェックがはじめから付いていたり、ページを開いた瞬間にプログレスバーが伸びて進んでいたりなど、いろいろな応用例があります。スタートの時点で進んでいると、ユーザーのやる気につながります。

活用2. 簡単にして吐き出させる

行動経済学者であるダン・アリエリーの書籍『予想通りに不合理』の例によると、自動車会社のフォードは、所有者に修理点検をうながすために、これまで細かく複雑だった指標をやめて、シンプルに3つの指標だけにしたところ、多くの所有者が点検を依頼するようになったそうです。開発者視点やビジネス視点で細かくルールをつくると、ユーザーには、敷居が高かったり細かすぎると感じてやる気をなくしてしまい、行動することをやめてしまいます。利用率や回収率が悪い施策は、このことが関係している可能性が高いはずです。目標はシンプルに簡単に、吐き出しやすい環境を提供することが大事です。

活用3. 小出しにする

ちょっとずつ進むことが大事です。一気に出してしまうと、逆効果になる場合があります。例えば、会社で成績優秀者にボーナスをあげるとき、一気に昇格させたり破格の報酬を与えると、その次は、ちょっとだけ上げても効果は出ません。なぜなら、前回との比較で、上昇していないと満足

できないからです。中毒状況にも少し似ています。また、まとめて一気に
出すと、次回までの間隔が空いてしまい、次へ進むことを忘れてしまいま
す。一夜漬けの勉強は次につながりにくいし、半年後の歯科検診はほとん
ど忘れてしまいます。過度な刺激や波は与えずに、少しずつよい体験が続
いている状態が望ましいです。

25 ピークエンドの法則
（終わりよければすべてよし）

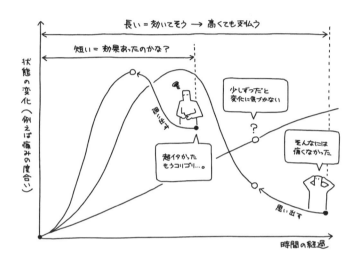

要約

- 最初よりも最後の時間帯の方が強く印象に残る
- 急に変化すると印象に残るが、徐々にだと気付きにくい
- 時間がかかるほど効果があると考えてしまう

行動の特徴

　『ゲーム』という映画を観たことはあるでしょうか。マイケル・ダグラスが演じる主人公は、映画の中でずっと嫌な思いをするわけですが、最後はハッピーエンドの結末で、めでたしめでたしとなります。このような、終

わりよければすべてよし、とつい考えてしまう傾向を「ピークエンドの法則」といいます。この特徴を、書籍『ダニエル・カーネマン 心理と経済を語る』に基づいて、3つの例で紹介します。

　1つめは、ピークの時間についてです。大腸内視鏡検査で、ある病院は8分かかり、もう1つの病院は22分かかります。時間が短いほど辛くないと考えそうですが、結果は違います。実はこの検査には、痛みのピークがあります。8分では短いけど、強い痛みを感じた瞬間に終わります。一方22分では長いけど、終わったときの痛さは和らいでいる状態です。その結果、22分の方がよいと答えた患者の方が多いという結果になりました。人は最後の記憶の方が印象強く残ります。なので、嫌な経験をする場合はすぐに終えず、余韻の時間を持たせる方がよい印象を与えられます。

　2つめは、サプライズ効果です。予想に反して、しかも本人にとっても嬉しい出来事が起こると、それまで嫌な気持ちをしていても、一瞬で忘れて幸せな気持ちに切り替われます。冒頭に紹介した映画『ゲーム』もその一例です。サプライズ効果を最大限にするにはギャップが大事です。はじめはあまり期待させず、最後に一気に変化を加えることで、それまでの気持ちをリセットさせます。反対にちょっとずつだと変化を感じない「茹でガエルの状態」になります。よい印象を与えたいときは一気に変える、逆に、悪い印象を与えたくないときは少しずつ変えることが効果的です。

　3つめは、時間と価格の関係性です。料金は同じ8000円だけど、5分で解決する腕利きの修理工Aと、60分で解決する見習いの修理工Bの、スキルが異なる2人がいます。冷静に考えれば、早く修理してくれるAの方がいいはずですが、一瞬で直ると8000円は高すぎると考え、Bの方がじっくり丁寧にやってくれたので適正価格だと考えてしまいます。ユーザーは人の努力にはお金を払いたいけど、スキルにはお金を払いたくない傾向があります。残業の多い非効率な人の方が、評価が高いという現象が会社でよくみられるのは、このことが関係しているのかもしれません。

　このように、人は時間経過に対しては、最後が大事、急激な変化だと気持ちが切り替わる、時間と効果を関係付けて考える、という3点が影響します。いつ、どのタイミングで、どう切り替えるかを意識すると、同じ内容のサービスでもユーザーが感じる印象は大きく変わります。

活用方法

活用1. 最後にご褒美を与える

　IKEAは、面倒と思われがちな店舗での家具購入の体験を、時間の使い方でポジティブに変えました。ユーザーがIKEAで体験する全体の時間の8-9割はショールームの回遊ですが、最後にまとめてカートに商品を乗せて気分を高めて、会計後にレジの近くで売られているアイスを食べることで、それまで長く歩いて疲れていたことも忘れてしまいます。終わりを楽しい体験にするIKEAの工夫には、見習う点が多くあります。

活用2. ムードを突然変える

　レストランにも多くの学びがあります。ケーキが運ばれるハッピーバースデーの演出はサプライズの定番ですが、ポイントは、後半までは長く穏やかな時間にする、あるタイミングで電気を消す、すかさず音楽を流す、などでムードを切り替えることです。実はIKEAのレストランでも、子ども向けのお誕生日会を行うサービスがあります。ユニフォームを着た店員さんが突然祝ってくれるのは、フラッシュモブのようなサプライズ効果があり、より嬉しく感じるはずです。

活用3. 長く滞在させる

　IKEAは最初にじっくりとショールームの回遊に時間をかけるので、通常のお店よりも滞在時間は長くなります。ほぼ1日中の人もいます。なので、それだけ時間を費やしたのだから元を取ろうと、何も買わないわけにはいかないと商品に手を伸ばすし、途中でご飯を食べたり、最後にお土産を買うなど、ユーザーになるべくお金を使ってもらうように行動をうながせます。滞在時間を長くすることは、回転効率を重視する飲食店には難しいですが、テーマパークやホテルなどの業種には、この考えを応用して取り入れることができるかもしれません。

バイアス 4.

人は距離を
意識する

　人は、自分の近くにあるものには親近感を持ちますが、遠くにあったり知らないものには、不安を感じて警戒する傾向があり、同じように扱いません。これは物理的な距離感と心理的な距離感、どちらにも当てはまります。距離感の捉え方は一定ではなく、自分の範囲内と範囲外で線引きをしたり、手に触れたり共通項を見つけることで、これまで遠かったものが急に身近に感じられるようにもなります。

26 保有効果
（自分のものが一番）

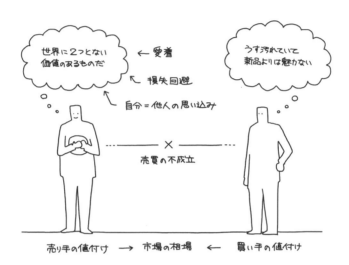

要約

- 所有者は他人よりも高い価格を値付けする
- 愛着・損失の恐れ・思い込みが保有効果を高める
- 保有効果はスペックを超えた「好き」がはたらく

行動の特徴

　人が何かを所有すると、他人よりもその所有物を高く評価するようになります。この現象を「保有効果」といいます。例えば、他人から見たらオンボロに見える車でも、所有している本人は味わいがあって新品よりも価値

があると思い込みます。

　行動経済学者のダン・アリエリーは、書籍『予想どおりに不合理』の中で、保有効果の理由を3つ挙げています。1つめは、自分が持っていると惚れ込んでしまうからです。この後に紹介する、触れると愛着がわくタッチ効果とも関係しています。2つめは、失うことへの意識が強くはたらくからです。3つめは、自分の考えは相手と同じだと思い込むからです。

　保有効果を有効活用した例は「お試し期間」です。ユーザーは30日無料で使っているうちに、自然と自分のもののように感じ、そのまま購入につながります。試着するもの（メガネ、靴、洋服、マクラなど）や、サブスクリプション系のビジネス（音楽、オンライン学習、有料会員など）には、だいたいお試しがあります。

　お試しの仕組みを入れると、ユーザーに値段への障壁を感じさせずに、まず保有してもらえるようになります。反面、ユーザー1人が保有できる量（物質だけではなくサービスも含む）には限度があります。お試し期間が終わると、自動で有料に切り替わるサービスは、お試し中でも解約のことを気にしながら使うことになります。ユーザー視点で考えると、保有へのストレスを感じさせないことへの配慮は必要です。

　保有効果で注意すべき点は、売買の不成立が起こりやすくなることです。不動産を例に考えてみましょう。売り手は自分の家を「こんないい家なんだから」と思い、買い手は「ちょっとでもお得に買い物したい」という気持ちがはたらきます。このミスマッチの状況に対して、売り手は自分が過剰評価をしていることに気付きません。

　フリマサービスのメルカリには、参考価格を表示する機能があります。これは出品する商品に「このくらいの値段だと売れますよ」と教えることで、保有効果のバイアスを補正してくれる上、すぐに売れるという利点も提供しています。

　保有効果をはたらかせるためには、受け手の感情にアプローチできるかが大きく影響します。ユーザーに好きになってもらうためには、数値で測れる評価軸から一度離れて、持ち続けたくなる要素は何かを考えてみると、保有効果につながるヒントが見つかるかもしれません。

活用方法

活用1. 身体性が高いものにする

　保有意識は、身体感覚とのつながりが強く見られます。例えば、習熟度や慣れが関わる楽器やスポーツ用品、生き物のように自分の運転に馴染む自動車、針に落とすアナログな行為と音が結び付くレコードなどは、保有効果につながりやすい傾向があります。誰でも同じように使えるのではなく、身体を使って使いこなす要素を組み込めると、ユーザーが愛着を持つことにつなげられます。

活用2. 努力して得られるものにする

　保有しているものに強い思い入れがあるときは、何かしら苦労して手に入れた場合であることが多いです。例えば、入手しにくいチケットや靴、自分で組み立てた家具、トレーニングを重ねた結果の筋肉など。手を伸ばせば届きそうだけど、あえて手に入れにくくする方法も一案です。

活用3. 資格やステータスをつくる

　物理的なものがないサービスの場合、証明書やステージレベルなどを設定すると、保有効果が生まれやすくなります。マイレージ会員、専門家認定証、年間パスポートなどは、資格やステータスを愛着につなげている例です。テレビゲームでも、このような仕掛けは多く見ることができるので、勉強するつもりで遊んでみると多くのことが参考になるはずです。

DIY効果
（自分が関わると過大評価）

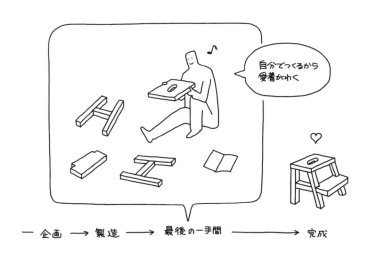

自分でつくるから
愛着がわく

── 企画 ──→ 製造 ──→ 最後の一手間 ──────→ 完成

要約

- 人は何かしら手を加えたくなる
- 最後にちょっと手を加えるだけでも愛着は生まれる
- 市場の効率性が成熟すると、 むしろ手間を求めるようになる

行動の特徴

　自分がちょっとでも手を加えたものは、愛着がわいてしまいます。自分で家具を組み立てるIKEAが代表的なので、IKEA効果とも呼ばれていますが、ここでは「DIY効果」とします。この効果はIKEA以前にも、ホットケー

キミックスなどインスタント食品が取り入れていました。ただ水を加える
だけでは手抜きに思われていたけど、卵を入れる一手間を加えた商品に変
えたところ、ヒットしたのだそうです。

DIY効果は他にも、ミニ四駆、電動自転車、建売住宅でのカスタム要素
などがあります。デジタルの世界でも、背景画像の設定、プレイリストの
作成、アバターの作成など、いろいろな商品やサービスで見られます。

自分が手を加えたものは、値段を高く設定してしまう傾向があります。
これは、愛着がわいて自分との距離が縮まって感じられる保有効果とも関
係します。自分が関わったものを過剰評価することで、他の意見を取り入
れないといった偏見にもつながるので、注意が必要です。

DIY効果で興味深いのは、全部自分でつくらなくてもいい、という特徴
があることです。ほとんどできている状態に対して、最後に少し手を入れ
るだけでもこの効果は現れます。子ども向けのイベントで、すでに8割で
きているものに対して少し形や色を加えることで、自分がつくったように
体感できるワークショップはよく見られます。ビジネスの世界でも、最後
に署名やハンコを押す行為も似ています。あるいは、ずっと傍観してたの
に最後にちょっと会議に出て発言したりメールを書くだけで、さも自分が
関わっていたようにするズルい人の行動も同じです。

裏を返すと、どんなに労力をかけても、最後は別の人がやってしまうと
愛着は生まれません。世の中のサービスでユーザーが継続しない原因は、
本人が最後の完成に関われていない可能性が考えられます。特に子どもに
対しては、仕上げで親は手を出さずにぐっとこらえましょう。

逆に、最後の一手間をあえて相手にやってもらうことで、満足度を高め
る方法もあります。仕事の場面で上司やクライアントに説明するときは、
隙のない内容より、相手の意見を取り入れる余白が少しあるくらいの方
が、前向きに検討してくれる可能性は高まります。なぜなら本人が最後に
手を入れたからです。おそらく人は、何かしら介入がないと本人との距離
感が縮まらないので、一部でも意見が反映されると身近に感じられるよう
になってくれるはずです。

DIY効果は、完成品よりも手間がかかるので、効率性を重視するような
市場にはあまり適していません。逆に効率性を求めない、手間を楽しめる

「衣・食・住」のような暮らし、娯楽、趣味に関するものには、DIY効果が期待できます。人は効率性を求める一方で、効率的すぎて自身が介入できる余地がなくなると物足りず、手間をかけたくなってしまうのかもしれません。

活用方法

活用1. 市場を不便化させる

　キャンプをしない人からすると「何でわざわざ、手間暇とお金をかけて不便なことをするんだろう？」と思える趣味が、年々にぎわっています。キャンプギアは年々便利になっていますが、道具の使い方が簡単でも自分でテントを立てられる、ご飯をつくれる、焚き火で薪を足せる、といった体験は嬉しいものです。キャンプ以外にも、便利になった市場にあえてDIY要素を入れることで、新しい市場をつくり出すことができる可能性はあります。

活用2. 出会いに一手間を加える

　例えば観葉植物をお店で買うとき、もしその場で鉢を選んで自分で植え替えるサービスがあったら、植物とお店の両方に対する愛着が高まるのではないでしょうか。あるいは、水やりの習慣は商品とユーザーの行動の接点になるので、ここにデジタルを介在させたネットサービスを提供することで、ユーザーとの習慣的な接点をつくり出すことができるかもしれません。出会いや習慣の中で、手間と愛着を加えられる接点に着目してみましょう。

活用3. クラフト要素を入れる

　コーヒーを淹れる行為は、自動化が進んでも焙煎だったりハンドドリップだったりと、クラフト的な要素が注目されています。これまで自動化し

ていた習慣にあえてクラフト要素を入れられないかといったことを考えてみましょう。ライフスタイル系の雑誌での特集テーマを見てみると、クラフト要素のヒントが見えてくるかもしれません。

活用4. スタンプを押せるようにする

　計算ドリルなどで、問題が全部できたらシールを自分で貼るという行為は、自分が手を入れて完成させた達成感につながります。任天堂スイッチの『Fit Boxing』は、1日のトレーニングメニューが終わるとパンチで達成のスタンプが押せます。なんてことのない操作ですが、これが嬉しくなります。このような、最後に自分で手が入れられる仕組みは、ユーザーのモチベーションの維持に役立てられます。

MAYA 理論
（先進さと馴染み）

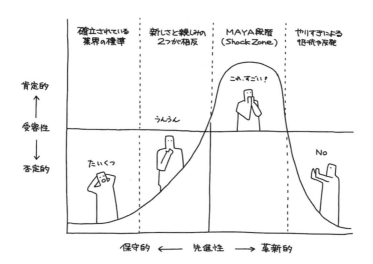

要約

- 人は保守的な心と強い好奇心が共存している
- 先進的でもどこか馴染みの要素があると受け入れやすくなる
- 先進と馴染みは1つの商品やサービスで両立できる

行動の特徴

　レイモンド・ローウィを知っているでしょうか。戦後のアメリカで、ラッキーストライクのパッケージ、流線型の車や冷蔵庫などで、商業的に大きな成功をおさめた20世紀のデザイナーです。

レイモンド・ローウィは、自身の著書『口紅から機関車まで』で、MAYA理論を紹介しています。MAYAとはMost Advanced Yet Acceptableの略、つまり「最先端だけど、まあ受け入れられる」という意味です。人は保守的な心と強い好奇心が共存しますが、対立する両者を1つの商品やサービスに体現できると、人々の高い注目を集める効果があります。この2つについて、それぞれ整理します。

まず、Advanced＝先進さについてです。ちょっとした驚きや、予想できない状況で何かがわかった瞬間、人は高い満足感が得られます。例えばゲームをするときは、ちょっと難しいけれど頑張ればクリアできて、次のステージに進めると「次は何があるんだろう」とワクワクしていくうちに、どんどん先に進めたくなり、未知なものへの好奇心が高まります。Advancedは、人はちょっと先のことに高い関心を持つ心理を突いて、ユーザーを飽きさせない効果があります。

次に、Acceptable＝馴染みについて。同じ名前をたくさん聞いたり、何回も同じ人に会うほど、その人やものに馴染んで好感度が高くなります。この現象をザイアンス効果といいます。わかりやすい例は、社名や商品名を連呼する宣伝広告や、有権者に会って握手する政治家などです。馴染みに対してユーザーは、たまたま出会っただけで実は内容を知らないのに、何となく信用して支持してしまうようになります。ただし一方で、馴染みすぎると飽きてしまいます。

MAYA理論はこの「先進さ」と「馴染み」を組み合わせて、「人は驚きを与えられたい一方で、心地よさを望む」というユーザーの心理を刺激します。先進的すぎると不安を抱くけど馴染みすぎると飽きてしまう、という絶妙なバランスで成り立っています。レイモンド・ローウィはこれを、工業製品や商品パッケージのデザインに適用して、ユーザーの心をつかみました。1950年代の出来事ですが、ヒットを生み出すヒントがこのMAYA理論からは学べます。そして50年後に、このMAYA理論を実践したのはスティーブ・ジョブズでした。iPhoneの発表のときに、このことがよく表れているので、活用方法で具体例を詳しく見てみましょう。

活用方法

活用1. 簡単な言葉を使う

　2007年、iPhoneの発表でのプレゼンテーションでは「iPod + Phone + Internet」と伝えています。当時、スマートフォンによるモバイル社会はまだ誰も想像できなかったので、iPhoneの存在はMost Advancedであっても Not Acceptable でした。それを Yet Acceptable にしたのは「3つの既存の機能が一緒になった」という、馴染みがあるものを新しいものとして位置付けるシンプルなメッセージでした。

活用2. 新旧を組み合わせる

　iPhoneの発表では、デバイスが革新的であるのに対して、デモで操作をするときに紹介した曲はビートルズやボブ・ディランなど多くの人に馴染みのあるアーティストのものでした。アイコンも当時は、紙のノートなどのモチーフを用いた表現でした。ヒットしているものの多くは、このような馴染みのあるモチーフを使っています。例えばスターウォーズは、宇宙を舞台にした先進的な世界である一方で、正義と悪という古典的なテーマをストーリーに用いていますし、任天堂が新しいゲーム機を発表するときは、マリオなどの定番キャラクターを一緒に出しています。

活用3. 体感してもらう

　新しいものは、口頭の説明だけでは十分に伝わりません。論より証拠で、デモを見せて体感してもらう方が伝わります。iPhoneの発表でも、理論はそこそこに、実際に使用風景を見てもらったり、店頭で使ってもらうことで、新しい世界観が遠い未来ではなくすぐ近くにあるものだということを、訴求していました。

29 タッチ効果（触れるが勝ち）

要約

- 手で触れると対象物に愛着が生まれる
- 人と人工物の距離が近づくと購入などの行動につながる
- 使い方を示唆するデザインとアフォーダンスは異なる

行動の特徴

　初代iMacは上部にハンドルが付いていたのをご存知でしょうか。実はこれには、デザイナーの強い意図がありました。デザインを手がけたのはジョナサン・アイブで、iMac開発当時の有名なストーリーがあります。

《怖そうなものには、ふつう手を触れない。僕の母も怖がってパソコンに触らなかった。だから、持ち手があればつながりができるんじゃないかと思ったんだ。ハンドルなら触りやすい。思わず手にとってしまう。触っていいんだよ、という合図になる。それは人への従順さを示しているんだ。》（『ジョナサン・アイブ』リーアンダー・ケイニー著／関美和訳／日経BP／2015年）

　今日のように、PCが一般の家庭の中で普通に使われるようになったのは、PCに親しみをデザインしたからです。その象徴が、初代iMacのハンドルです。使ってもらうためには、まず触ってみたくなる見た目で、不安を取り除き親しみを感じてもらうことが必要でした。店頭などで実際に触れることで愛着が生まれ、PCにブレイクスルーが起きました。このような、触れることで愛着がわく現象が「タッチ効果」です。

　ハードウェアのデザインは、人とPCをつなぐ接点です。物理的に触れることができるのは、マウスやキーボードや電源コード、そして家に置くときに持ち上げるハンドルです。これらを人とPCをつなぐ接点として捉えてデザインしたことが、初代iMacの注目すべき点です。意図してかはわかりませんが、これまでのAppleの新しいカテゴリの商品は、触り心地のよさを意識した形になっています。iMacのマウス、PCのアダプター、初代iPhone、Apple Watchなどです。

　アフォーダンスという、人と環境の関係性を示す概念があります。本来は、環境が生物に与えている意味や価値という定義です。ところがこの言葉は、使い方を示唆するためにカタチや表示をデザインすることという、誤った意味合いで多くのデザイナーに認識されています。アフォーダンスは使い方の範囲に留まらず、関係性をデザインすることを意味します。iMacは、単に操作を誘導するためのカタチではなく、ユーザーと人工物の関係性を考え直したことが、アフォーダンスの観点で優れています。

　ユーザーとの接点が持てていないなら、触れるという原始的な体験を通して、人工物に対しての愛着を持たせることが、デザイナーの役目です。ちなみにアフォーダンスの定義では、接点のことをSurfaceといいます。初代iMacから20年後、Microsoftが「Surface」という名のハードウェア

接点をつくろうとしたことは、この観点から考えると興味深いです。

活用方法

活用1. 買う前に手に取ってもらう

　お店で服を眺めるときや、スーパーで果物を選ぶとき、無意識で商品を手に取ってみる人は多いはずです。アフォーダンスの考え方に照らし合わせると、これは自分との距離を近付けるための行動だといえます。物理的なものがある場合は、ショーケースに閉じ込めるのではなく、一部のサンプルなどをなるべく手が触れられるようにすると、ユーザーが興味を持ち購入しようと考える後押しにつなげられます。

活用2. 一貫したキャラクターにする

　日本ではもはや常套手段ですが、パッケージなどにキャラクターを付けることで親しみを訴求する方法は、多くの商品やサービスで用いられています。ただし、キャラクターと商品のイメージが分離していると、親しみの効果ははたらきません。例えば、サイトの入り口ページはかわいいのに、申し込みページに入ると内容も言葉づかいも一気に固くなるウェブサイトは、キャラクターの効果を活かしきれていません。ユーザーが触れる範囲は、最初から最後まで一貫させることが大切です。

活用3. 怖さをなくす

　ユーザーが怖いと感じる商品やサービスは、世の中にまだまだ多く存在します。複雑なメカ、難解な理論、威圧的なビジネスなど、みんなが仕方ない、と思っている領域にこそチャンスがあります。「怖くないよ」「大丈夫だよ」と伝えられる要素を探り、初代iMacのようなブレイクスルーを目指してみましょう。

30

内集団と外集団
（身内びいきの習性）

自分たちと相手との分離線

要約

- 人はすぐに集団を内と外とに分けようとする
- 集団への所属を自覚すると能力や行動にも影響する
- オリジナリティの強い内集団は外集団に攻勢をかけやすい

行動の特徴

　平和であってほしいのに争いが絶えない世の中です。それは内集団と外集団の習性が、強く起因しているのかもしれません。例えば、「MacとWindowsあなたはどっち側ですか？」という問いかけをしてみます。おそ

らく割とすぐに答えは出て、瞬時に支持していない方の欠点も思いついたでしょう。自分はいつでもフラットな立場だという人は、実はそれほど多くないはずです。

今では倫理上問題のある実験が、1961年に行われました。サマーキャンプに参加した子どもたちは、2つのチームに分かれていました。はじめはお互い別のチームの存在を知らされず、共同活動によってチーム内での結束が固まりました。その後、別のチームの存在を知らされ、競技を行うこととなりました。すると、負けたチームは相手の旗を降ろして火をつけ、それに気づいた相手チームがケンカを始めたり、ロッジをおそったりなど、争いがエスカレートしました。

これはひどいと思ったかもしれません。でも、学校でのクラス別、部活での他校との試合、会社の中での別部門との関わりなど、内と外を分けて衝突する場面は多く思い当たるはずです。どんな環境でも、ある程度の人数が交わると「自分たち VS 彼ら」の構図が出来上がります。このように、自分が属していると感じるグループを内集団、自分が含まれていないグループを外集団と分類します。わかりやすい言葉でいうと「ウチ」と「ソト」の関係です。集団の形成は文化圏でも異なりますが、日本は場の中で小さい集団をつくる傾向が強く見られます。

内と外を自覚することの影響について、興味深い実験結果があります。アメリカでは数学に対して、アジア人は数学が得意、女性は数学が苦手と捉える傾向が強くあります。そこで、両方を満たすアジア系アメリカ人女性に対して、算数のテストを受けてもらう前にアンケートを配りました。その内容は、片方のグループはアジアのルーツを意識させるもの、もう片方は女性を意識させるものでした。するとテストの結果は、アジアを強く意識したグループは成績がよく、女性を強く意識したグループは成績がよくない結果となりました。

この結果が意味するのは2つあります。1つは自分が無意識のうちに内集団の所属を自覚すること、2つめはそう思い込むことで能力にも影響が現れることです。

ところで、Apple はこれまで過去のCMやプレゼンテーションなどで、外集団の Windows を度々けなして、内集団の Mac ユーザーにファン心理の

醸成をはたらきかけていました。Appleはオリジナリティを追求している存在なので、外集団に対してAppleの優位性を伝える攻勢をかけることができます。対して、2番手3番手の後発サービスには、こういったアプローチはできません。オリジナリティがあると、内集団の優位性をより強調させることができます。

活用方法

活用1. 仲間に引き込む

人は内集団に対しては甘くなります。例えば、同じ職業の人の方を高く評価する、といった身内をひいきに扱う傾向があります。もし相手の中に入りたいときは、何か共通項を提示すると内集団のカテゴリに認識してもらえます。「私もこれ好きなんです」と話しかける店員や、趣味の話題で共通項を探す人は、内集団の喚起をしています。一方で、注意点が1つあります。それは、悪い例に内集団の人格を用いないことです。悪事に対して「あなたたちと同じような人が問題を起こしています」と注意喚起をすると、「自分もやっていいんだ」とむしろ誤認識を生むことになります。

活用2. グループを細分化させる

内集団と比較して、外集団へのカテゴリに対しては、おおざっぱな特徴でしか捉えない傾向があります。例えば、日本人は同じ日本人に対しては多様な人格を想像するけど、海外の人に対しては人格を国＝人で決めつけがちです。この傾向を応用して、内集団の中をさらに新しい分類をして内と外に分けると、残された内集団を特別視することにつながり満足度を高められます。例えば会員クラスを細かく設定することで、上位クラスに入れた層はより選ばれし者という優越感があります。ただしこれらの方法は、仲間はずれ・偏見・対立の助長にもなりかねませんので、扱いは要注意です。

活用3. 共通の仮想敵をつくる

　内集団と外集団の両者が、仲良くなれる方法が1つあります。それは、新たな外敵を登場させることです。お互いが協力し合わないと助からない環境になると、集団間での敵対関係はなくなります。すると、これまで脅威と認識していた相手が、突然頼もしい存在に切り替わります。『インデペンデンス・デイ』のような地球人が一致団結して宇宙人と戦う映画や、『ドラゴンボール』のように前作までの敵が今作では一緒になって戦うアニメなどがわかりやすい例です。実際には存在しなくても、仮想敵をつくることができれば、ライバルとの敵対関係を解消できます。

ノスタルジア（なつかしさマーケティング）

要約

- なつかしく感じると安心して商品やサービスを利用したくなる
- なつかしさは年齢によって感じ方が変わる
- なつかしさは本人が経験していない出来事でも感じられる

行動の特徴

　10代の頃によく聴いた音楽が流れたり、レトロな佇まいのお店など、なつかしさを感じさせる仕掛けは、いろいろな場面で使われています。

　なつかしいを意味するノスタルジアの語源は「ホームシック」から来てい

ます。17世紀にスイスの傭兵が長期遠征をしたときに、ずっと泣き続けたり心拍が早くなるといった症状がみられました。ノスタルジアの言葉を分解すると、Nostos = Return（戻る）、Alogoa = Pain（苦痛）となり、「つらくて戻りたい」といったネガティブな意味合いになります。ところが時間が経ち現代では、「なつかしくて落ち着く」というポジティブな活用例が多くみられます。

　ノスタルジアは、次のような特徴が、研究からわかっています。女性よりも男性の方がなつかしさに強く惹かれる、30-50代にかけてなつかしさへの意識が高まる、なつかしさは反復する単純接触効果に関係する、なつかしさへの好意的感情は安心感などに起因する、といったことです。新しい音楽への興味は30歳くらいでピークを迎えて、その後は昔の音楽を聴く割合が高くなります。

　ノスタルジアは大きく2つに分類されます。1つめは個人的ノスタルジアです。これは自身のよい体験だけを美化したものです。2つめは歴史的ノスタルジアです。これは古きよき時代を理想化したものです。その代表例である『Always 三丁目の夕日』は世代を超えてヒットした映画ですが、当時を経験していない若い世代でも、映画を観ると「なつかしい」と感じてしまいます。当時の苦労や不便さについてはあまり意識されず、文化や人情などポジティブな面に注目が集まります。過去はよい歴史や思い出であってほしい人々の願望が、ここから読み取れます。

　ユーザーがノスタルジアを望む気持ちは、安心できることや落ち着くといったことから来ています。このことを裏返して考えてみると、ユーザーが不安で落ち着かない状況のときは、ノスタルジアを想起させることで、負の気持ちを和らげることができます。

活用方法

活用1. 親世代と子世代をつなぐ

　映画やテレビ番組では、子どもだけでなく親が観ても楽しめる工夫が見られます。『となりのトトロ』は、親からするとなつかしい風景の視点で楽

しめるアニメです。『妖怪ウォッチ』は、親世代が小さいころ流行ったギャグを取り入れています。『おかあさんといっしょ』でも、親が小さいころに見てたじゃじゃまる・ぴっころ・ぽろり、がたまに登場します。このように、親に向けてなつかしさの要素を加えることによって、親子が一緒に参加できる機会を提供できます。

活用2. お馴染み要素を入れる

任天堂のゲームには、なつかしさ要素が多く見られます。例えば『マリオカート』では、ファミコン時代の『エキサイトバイク』のコースを入れて、往年のファンを喜ばせています。『スーパーマリオ オデッセイ』のような、マリオシリーズで新しい操作感のゲームでも『スーパーマリオブラザーズ』の操作画面を一部に差し込んでいます。アプリやWebサービスアップデートするときにすべてを変えてしまうと、どんなに使いやすくても戸惑う既存ユーザーはいます。このような場合はこれまでの馴れ親しんだ要素を用いることで、ユーザーの不安を軽減できるようになります。

活用3. 無機質なものをなつかしさで補う

スーパーカーなど、当時は最先端だったクールなものでも、時間が経つとなぜか味わい深いものと認識してしまいます。その理由は、なつかしさは安心や落ち着きに起因するからです。もし自分が関わっている商品やサービスが無機質なものなら、少し昔に流行ったノスタルジアの要素を入れることで、ユーザーとの距離感を近付けられます。例えばAIは今のところ無機質な印象があるので、ノスタルジアの要素を入れてみてはどうでしょうか。

バイアス 5.

人は条件で
選択を変える

　有利なときと不利なときでは、行動が変わります。機械であれば、どのような条件でも冷静に判断ができますが、人はそうはいきません。安心よりも不安の気持ちの方が先行したり、これまでの経験則で今度こそは大丈夫と考えたり、一発逆転を狙ったりと、その場面の条件にとらわれてしまうことが多々あります。

32 プロスペクト理論 （損失回避）

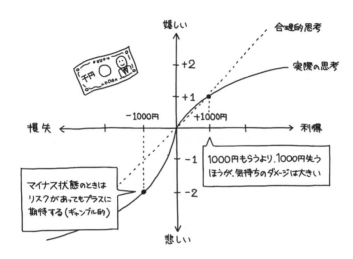

要約

- 人は利得よりも損失を強く意識する
- 有利なときはリスクを避けるが、不利なときはリスクを取る気持ちが高まる
- 不安は人を動かしやすいが、長期的に不安な状態は不信感につながる

行動の特徴

　誰しも損はしたくないものです。「プロスペクト理論」とは、端的にいうと損が人の行動に影響をおよぼす行動のことです。Prospect は英語で予想や見込みを意味します。

プロスペクト理論を理解する上で、2つの実験があります。1つめの実験は、必ず100万円がもらえる場合と、コインの表が出たら200万円がもらえるけど裏が出たらもらえない場合、どちらを選択するかを質問するテストです。この実験では、多くの人は必ず100万円がもらえる方を選びます。確率で考えればどちらも同じなのに、人はもらえないリスクの方を高く見積もります。

　2つめの実験は、200万円の状態から必ず-100万円になる場合と、-200万円の状態でコインの表が出たら0円になるけど、裏が出たらそのままの場合、どちらを選択するかを質問するテストです。この場合は1つめと違って、0円になる可能性の方を選ぶ人が多くなり、ギャンブル性の高い選択肢を選びます。

　この2つの実験から、人は損失をより回避したい、という共通点がみられます。1つめの実験ではもらえない可能性を減らしたく、2つめの実験では借金の状態を早く返したい、という意識がはたらきます。

　ユーザーは、違約金の可能性があるよりは割高でも安心な旅行プランを選ぶ方が安心できるし、賭け事でも負けているとつい熱くなってしまいます。このような意識がはたらくのは、食料がなくなり生き延びられなくなる状況を回避する生存本能が影響しています。ただ、現代ではどちらかというと、悪い側面での影響が多く見られます。例えば射幸心をあおるギャンブル要素のゲームや、不安をあおって商材を買わせるセミナーなどに悪用されている場面が目立ちます。

　不安をあおるのは、短期的には売り上げ増につながるかもしれませんが、長期的にみると不安はブランドイメージの毀損になりかねません。商品やサービスそのものが、安心だと感じられるようにすることを前提にしないと、ユーザーは他に安心できるものを探し、不安を回避するために離れていくことになります。

　ちなみに、プロスペクト理論の行動は、ギャンブルや勝負事に多く見られるので、その世界の一流の人である、プロ棋士・プロ雀士・プロゲーマー・プロスポーツ選手などの本を読むと、リスクと勝負に対する心構えを学ぶことができます。

活用方法

活用1. 安心させる

　ネット予約で「今○人が閲覧しています」や「残り○席です、急いでください」といった情報提示は、リスクを回避したい心理がはたらき、つい不安で予約したくなります。でもこのようなサイトは、それ自体がリスクを意識させています。他に安心して予約できるサイトがあるなら、ユーザーはそちらの方を選ぶのではないでしょうか。(残り○席が、本当に正確な情報とは限らないので) 例えば「大丈夫ですよ」とか「他にこんな選択肢がありますよ」といった情報に変えて、ユーザーに安心感を与えた方が、長期的なブランド価値に寄与できるはずです。

活用2. フィードバックする

　商品を購入した後も、ユーザーは必ずしも嬉しい気持ちだけではなく、「もっと他にいいものがあったかも」と、不安な気持ちにもなります。このときのユーザーの気持ちをそのままにしていると、損失回避のために次は別の選択肢を探そうとして継続利用につながりません。購入してくれたらすぐに「ありがとう」の気持ちを伝えて、決断した気持ちの正当性や納得性を持たせることで、不安を払拭させましょう。

活用3. あえて追い込んでリスクを取る

　勇気ある経営者は、自らをあえて窮地に追い込み、果敢にリスクを取る環境をつくっているように見えます。裏を返すと、常にマイナスがない状態ではリスクを取らなくなるので、変化に対応できなくなります。このことは事業戦略から商品やサービスの企画まで当てはまります。多数に受け入れられる案は、リスクを取らない無難なものになりがちです。変革を求めるならば、ときには危機意識を醸成することが効果的です。

アンダーマイニング効果 （報酬とやる気）

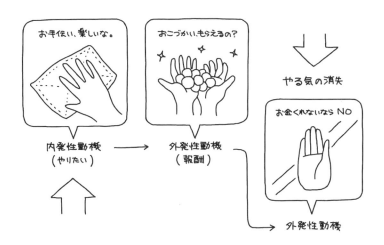

要約

- 好きなことに報酬が加わると動機がすり替わる
- 外発性の動機は報酬がないと続かない
- 内発性の動機は簡単には崩れない

行動の特徴

　「やりたいからやっているだけ」という人に、報酬を与えてしまうと、かえってやる気がなくなってしまいます。

　アンダーマイニングとは、日本語で「土台を壊す」という意味です。例え

ば、子どもが好きでお手伝いしたことにご褒美を与えてしまうと、お手伝いがご褒美のための手段にすり替わってしまいます。すると、好きでやっていたのに「次からはご褒美がないとやらない」と考えてしまい、もともとの土台が崩れてしまいます。

　やる気には、外発性と内発生の2つが影響します。外発生はお金やご褒美などの報酬、内発性は本人のやりたい気持ちです。ここで問題となるのは外発性です。

　外発性の動機付けは世の中のサービスに多く見られます。そして途中で報酬を与えることをやめてしまうと、ユーザーがとたんに離脱してしまいます。例えば、QR決済に興味を持ち始めたけど、キャッシュバック期間が終わったので使わなくなる人、ボランティアに参加していたけど別の人が給料をもらっていて虚しくなってやめた人、ピアノを弾くのが楽しかったけど褒められることが減ったので弾かなくなった人、などが挙げられます。ピアノの例のように、お金ではなく褒めるといった報酬も外発性の動機になります。

　報酬は必ずしも悪ではなく、報酬を与えることでやる気を継続させたり高められる「エンハンシング効果」もあります。ただし、本人の動機が外発生から内発性（好きでやってる状態）に切り替わるまで、ずっと何らかの報酬を与え続ける必要があります。社員の昇給やボーナスなどがこれに相当しますが、報酬を受ける側はもらい続けている状態が当然だと考えるようになるので、報酬を途中でなくすタイミングを見つけることは簡単ではありません。

　対して、内発性の動機は強力です。例えば何かのファンの人は、報酬がなくても知り合いにおすすめしてくれたり、困ったときには協力もしてくれます。商品のブランドに対しても、その人が本当に好きだと思うものは、スペックや価格に左右されずに応援し続けてくれます。好きと思ってくれているユーザーに対しては、金銭面ではなく感情面でつながり続ける施策の方が有効です。

　日本ではまだ、社会福祉や公共政策の分野に対して、金銭など外発性の報酬を動機付けにする画一的な施策が多く見られ、感情面でつながり続けるためのデザインの取り組みが十分ではありません。利益が主目的ではな

いこのような領域においては特に、参加するユーザーに対して内発性の動機付けをデザインすることが大切です。安易に報酬を与えるようなことはせずに、やる気を壊さないよう丁寧に接しましょう。

活用方法

活用1. お金の関係をやめる

　お得がきっかけでユーザーが加入を決断するサービスのキャンペーンは数多くあります。例えば、入会費無料、期間限定のキャッシュバック、他店より値下げなどです。ですが、お金の動機付けでサービスを継続してもらうことは困難です。なぜなら事業側のお金がかかるからです。解約手続きを面倒にして離脱率を抑えるサービスもあるけど、こうなるともう愛着はなくなります。考えるべきは、報酬がきっかけだったユーザーにも報酬以外の体験価値を提供することです。使っていて楽しい、思ったより便利、暮らしの中で少し意識が変わったなど、感情面につながることへの配慮です。外発性動機から内発性動機に切り替えられるタイミングを見極めましょう。

活用2. 褒めるを自動化する

　メディアプラットフォームサービスのnoteは、頻繁に褒めてくれます。記事を書いたら「○週連続すごい！」とか、スキを押しただけでご褒美のバッジをもらえたりします。ユーザーもこの通知が自動で送られているのはわかっています。でも、わかっていても嬉しいものです。自動化されているから、何回やっても褒めてくれます。さらにお金ではないので、報酬が切れることはありません。しかもまとめてではなく1人1人に対してです。これはデジタルならではの長所です。褒め続けるうちに、ユーザーの内発的な動機に切り替わることも期待できます。

活用3. 好奇心の探求を刺激させる

　内発性を高める一番の動機付けは「好奇心」です。そして、昔からある古典的なものには、この好奇心を長く維持させるためのヒントが詰まっています。時代を問わず人の内発性を刺激するには、流行に左右されない普遍的なことに着目してみましょう。

- 勉強：「わかる!」が楽しいのは、 生涯ずっと続く楽しさ
- 習い事：やってるうちに身体に染みて、 道を究める奥深さがある
- スポーツ：理屈だけではできない、 どこまでやっても完璧はない

ギャンブラーの誤謬（次こそは心理）

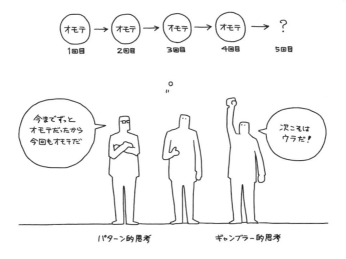

要約

- 人は過去の経験から「次こそは」と考えてしまう
- 1回が短い・ニアミス・レア要素などが射幸心をあおる
- 射幸心を過度にあおると社会問題として顕在化する

行動の特徴

賭け事で「次こそは当たる気がする」と思ってしまう人、要注意です。

コイントスで4回とも表が出たとき、多くの人は「次はそろそろ裏が出るはず」と思います。でも確率はどちらも一緒で50％です。これと一緒で、負

けが4回続いたら「次こそは勝てるだろう」と考えるのはギャンブラー的思考です。人はこれまでの経験を、何かと意味付けしたがる傾向があります。

この「次こそは」が、近年の賭け事やゲームに大きな影響を与えています。文化人類学者のナターシャ・ダウ・シュールによる書籍『デザインされたギャンブル依存症』によると、ラスベガスなどのカジノで収益率が最も高いのはスロットマシーンです。その理由はいくつかあります。

まず、スロットマシーンは機械なので、競馬などに比べて自分のペースでできて、賭けた結果がすぐに出ます。そのため1回の時間が短いし、1回あたりが少額なので継続性があります。加えてニアミス（惜しい）の要素があります。すると「次こそは」となって止まらなくなります。さらに、機械だから24時間いつでもアクセスできてしまうので、生活に食い込むようになります。1回で勝負を決めることより何度もできることが、賭け事の収益率に影響します。

ゲームで社会問題になった「次こそは」の例といえば、コンプガチャです。ソーシャルゲームのビジネスモデルの多くは、フリーミアムです。フリーミアムとは、最初は無料だけど、使っている途中からは課金を求められる仕組みです。Dropboxなどはフリーミアムの代表例です。

フリーミアムの売り上げの計算式はこうなります。例えばあるゲームに10万人のアクティブユーザーがいて、5％の人が平均200円課金したら、1日あたり100万円、年3.65億円の売り上げが見込めます。5000円で売り切りのゲームソフトが、1年で同じ売り上げを見込むには、7.3万人に買ってもらう必要があることから、フリーミアムの方が習慣的に使ってもらうときの売り上げ効果が高いということがわかります。コンプガチャは、熱が入り合理的な判断ができなくなることと、現金支払いではないのでワンタップで際限なく「次こそは」が容易であることが、問題となりました。

1980年代に流行したビックリマンシールも、ある意味コンプガチャのようなものでしたが、終息の経緯を知っているでしょうか。1988年8月、公正取引委員会から次の指導が出ました。それは、価格差をなくすこと、種類ごとの混入率を均一にすること、特定のシールに価値が出るような広告をしないことです。この指導によってレアシールがなくなり、豪華な素材も使われなくなりました。その結果「つまんない」となり、人気は下落し

ました。コンプガチャ騒動とかなり似ていますが、根本はすべて一緒で「次こそは」の射幸心を過度にあおることへの規制です。

　次こそはを刺激する要素についてまとめます。ユーザーと長期的なよい信頼関係をつくるためには、やりすぎず、でも退屈にならない適度な「次こそは」を強く意識しましょう。

- 次の展開をチラつかせる
- 1回を短くする
- ニアミス情報を出す
- いつでももう1回できる環境を用意する
- 初期損失を少なくする（途中から課金を入れる）
- レア要素を混ぜる

活用方法

活用1. 動機と報酬を分ける

　ユーザーの動機付けを報酬ではなく、楽しさなどにはたらきかけることを考えてみましょう。例えば「宿題できたらおやつ」の場合、報酬に対する労力がプログラムされているけど、続けていくうちに勉強の楽しさを知って、気づいたらおやつを食べなくても宿題を楽しくやってくれる、という仕掛けができたら理想的です。

活用2. 未練を与えない

　惜しかった、もうちょっと、などニアミスのメッセージは「次こそは」を引き起こす要因になります。気持ちよく終えられるためには、未練を与えず、GAME OVER をはっきりと伝えることもときに必要です。マリオなどの子ども向けのゲームソフトには、特にこういった配慮がみられます。ユーザーが気持ちを切り替えられると、長期的によい関係で商品やサービスを使い続けてくれるはずです。

心理的リアクタンス
（やっちゃダメの反動）

35

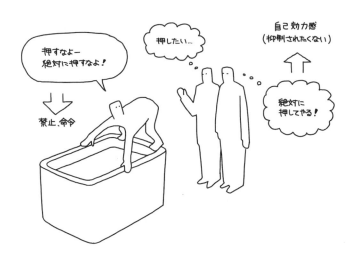

要約

- ダメといわれると反抗したくなる
- 誰しも自分のことは自分で決めたい反抗心理がある
- リアクタンスを適切に扱えばユーザーの心を奮い立たせられる

行動の特徴

「押すなよ、ぜったい押すなよ！」と、ダチョウ倶楽部のリーダーがいえば、押さずにはいられません。この作用を「心理的リアクタンス」といいます。リアクタンスとは「抵抗」を意味します。

ダチョウ倶楽部の例にもれず、誰だって抵抗したくなる経験はあるはずです。例えば、立入禁止エリアを歩いてみた、開けちゃダメといわれた箱を開けた、先生に悪態をついてみたなどが挙げられます。リアクタンスは人の根本的な行動心理で、昔から物語にも頻繁に使われている設定です。禁断の実を食べる旧約聖書のアダムとイヴ・鶴の恩返し・浦島太郎・ロミオとジュリエットなど、みんなダメだといわれているのに、やらずにはいられない人たちの行動から物語は生まれます。

　実生活でもリアクタンスの仕組みを活用した例はたくさんあります。例えば「1人限定2つまで」という広告は、数などの制限がされているほど、あの手この手で入手しようとします。または「絶対に観てはいけない」といった映画のキャッチコピーなども、リアクタンスを刺激します。

　リアクタンスは、誰もが生まれつき持っているものです。3〜5歳の子どもを対象にオモチャを選ばせるテストをしたところ、数ある中で禁じられたオモチャが一番人気、という結果になりました。なぜそんな考え方をするのでしょうか。その理由は自己効力感であり、自分のことは自分で決めたいという本能から来ています。他人からダメといわれ続けると、自己効力感を脅かされて心理的なストレスとなります。その状態にあらがうためには意思を示して命令に屈しない態度を示す必要があるため、命令と逆の反応をするようになります。

　心理的リアクタンスは、ユーザーの自尊心にはたらきかけるためのトリガーです。否定ばかりでは疲れてしまうし、嫌な気持ちにもなります。むやみにあおったり禁止したりするのではなく相手の意思を尊重して、本来の「自己効力感を肯定するもの」という意味に立ち返って、活用方法を考えてみましょう。

活用方法

活用1. ハートに火をつける

　アウトドア用品を取り扱うパタゴニアは、環境の配慮を重視した会社です。環境への取り組みを象徴する事例として、「DON'T BUY THIS JACKET

（この商品を買わないでください）」という広告を出したことがあります。この広告を見て、環境意識が高い人は「じゃあ、これは買うのをやめよう」となり、「でも何も買わないのはしゃくだ」「環境に配慮された商品があるなら買うぞ」と思ったはずです。別の例では、神戸女学院大学の広告「女は大学に行くな、」というコピーがあります。反発心をあおりながらも、女性の受験生を奮い立たせるメッセージです。このように、特定の誰かを対象に否定するのではなく、慣習や制度などに対してあおることは、人々の行動をうながすきっかけにつながります。

活用2. ルール違反できる範囲を見極める

　ビジネスには何かしらの制約が付きものですが、ときにはルール違反は「あり」な場合があります。むしろ受け手の視野を広げたり、業界の固定概念を壊す解決策につながることもあります。制約を超えるビジネスは、企画する本人にとっても闘志が沸き立ちます。ただし、やってはいけないルール違反はNGです。これまでの開発者の努力を水の泡にすることや、既存ユーザーの心情を逆なですることは避けるべきです。どこまでだったら違反してよいかを見極めるスキルは、経験値が大きく影響します。意図的にルール違反をするときは冷静になりましょう。

活用3. 業界の否定から入る

　あえて業界全体の否定から入る方法があります。この代表例はご存知、スティーブ・ジョブズです。プレゼンテーションを見返してみると、否定の発言が多いことに気付きます。Windowsの否定、Blackberryの否定、Netbookの否定などです。こう聞くと受け手は「じゃあ、君は何をしてくれるの？」と心理的リアクタンスが高まります。そこですかさず、その期待に応える商品やサービスを紹介します。それもシンプルで明確な解決策で示します。これができれば完璧です。話を切り出すときは、業界全体が「みんな実はそう思っていた」ということに焦点を当てて、リアクタンスを醸成させるのが効果的です。

バイアス 6.

人は枠組みで
理解する

　人は誰でも色眼鏡をかけています。色眼鏡とは偏見や思い込みを意味します。例えば、育った環境や時代がまったく違う2人がいた場合、同じものを見ても、受ける印象や考え方はまったく異なります。情報の伝え方や視覚的な表現の工夫によって、偏見や思い込みを補正することもできれば、より補強することもできてしまいます。

36 プラセボ効果（病は気から）

要約

- 本物だと信じていると偽物でも効果が出ることがある
- 高価や希少だとより効き目があると思い込む
- 不安なことに対して説明が加わると信じられるようになる

行動の特徴

　効き目があると思い込むと、偽薬でも症状が回復してしまう現象を「プラセボ効果」といいます。

　この効果、古くは19世紀に記録が残っています。リウマチ熱という病気

134　　2章　バイアス

に対して、当時は医学的には自然治癒がよいとされていました。でも、それでは患者は納得しなかったので、医師は効果も害もない偽薬を処方していました。その後1960年代には、偽薬を与えた場合でも症状の回復が見られたという結果が観察され、1970年代には、実際の効能よりも薬の名前の方が症状の回復に影響するという結果が見られています。このような成果が積み重なり、プラセボ効果が証明されています。

　なんとも不思議なことですが、この効果をことわざで当てはめると「病は気から」であったり、「信じるものは救われる」という言葉がピッタリ当てはまります。ちなみに、プラセボ（Placebo）の語源はラテン語で「人を喜ばせる」という意味です。

　現在でも、効き目のない偽薬を売っている会社があります。薬を飲まなければダメだ、と思い込んでいる認知症の人などに偽薬を渡すことで、過剰な薬依存を避けることができます。これによって、本人の健康状態の回復につながったり、国の医療費削減にも貢献するという素晴らしい取り組みです。プラセボ製薬株式会社の創業者である水口直樹による書籍『僕は偽薬を売ることにした』に、プラセボ効果の研究や取り組みが詳しく書かれています。

　人は、値段の高い薬の方が効果があると思い込みます。行動経済学者のダン・アリエリーは2008年にこのことを研究して、イグ・ノーベル賞を受賞しています。栄養ドリンクは、100円から1000円を超えるものまでありますが、「高いんだから効いてくれないと」と考えて、高額の商品を選ぶ人は少なくないはずです。これは、実際の効能は関係なく、あくまでユーザーの気持ちだけで行動が変わるという例です。

　また、価格だけではなく、何かしらありがたみを感じるものには効果がありそう、と思ったことは誰しもあるはずです。他にも、納得させられる因果関係や理論があったり、有名な人が関わっていたり、知る人ぞ知る開発秘話がある商品だったり、場所や建物に歴史や逸話があるものには、ついすごいと思い込んで優れているに違いないと考えてしまいます。このような、信じられる、あるいは信じたくなるような情報が加わると、プラセボ効果がより期待できます。

　プラセボ効果がはたらく原理には、人は「わからないことを嫌う」という

ことが影響しています。つまり、十分な情報がなかったり、どう反応するかがわからないものには、恐れを抱きストレスを感じます。一方、説明がつくことであれば、人は安心して接して効果があると思い込むことができるようになります。

　もし、ユーザーにとってその対象物が何かしら「わからないもの」であったなら、それを明確に説明できるようになると、本物か偽物かを疑うことなく「これは効きそう」と信じてもらえるようになります。その結果、商品やサービスを選択してもらえる、行動の後押しにつなげることができるようになります。

活用方法

活用1. ウンチク要素を入れる

　後付けの知識によって、効果が生まれる場合があります。この代表例は、小学生に人気でロングセラーの運動靴『瞬足』です。アキレスの社員は運動会を観察した中から、靴底を左右非対称のグリップにしてコーナーを早く走れるようする、というアイデアを考えました。科学的にこの効果があるかどうかはわかりません。でも、そのウンチクによって「速く走れるぞ！」と思えることによって、小学生の心をつかみました。

活用2. おいのり要素を入れる

　宗教にも通じるような、願掛けの要素による効果です。受験合格を祈願するときの代名詞的なおやつは『キットカット』です。郵便局とコラボレーションをして、受験生に送る取り組みが人気となり、長く続いています。チョコ自体に効果がないのはわかっていても、何の関係もないお菓子をもらうよりも、キットカットをもらう方が勇気がわきます。おいのりをしてもしなくても損にはならないので、プラセボ効果の要素が入れられるならば検討してみましょう。

活用3. ありがた要素を入れる

　権威、希少性、高額な価格などによってありがたいと思わせることで、プラセボ効果を強めることができます。予約で一年待ちのお店にやっと行けることになったら、最高に満足できるようにするため、前日は心の準備を整えるはずです。そして当日は、お店での冷静な分析や評価をすることはナンセンスです。高いんだから、なかなか行けないから、といったことを考えてとにかくいいところを見つけようと意識します。ユーザーは、ありがたいと思った気持ちを満たすためには、自分の感情をある意味だましてでもすべていい方向に考えてくれます。

キリのいい数字効果（ざっくり分類思考）

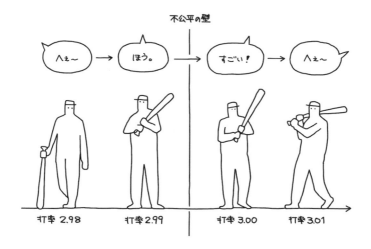

要約

- キリのいい数字とその前の数字の間には大きな差を感じる
- キリのいい数字はわかりやすいけど印象評価の影響が強くなる
- キリの悪い数字だとキリのいい数字に近づけたくなる

行動の特徴

　同じ数字でも、そこから受ける印象は人によって異なります。トビアス・J・モスコウィッツとL・ジョン・ジョンワーサイムによる書籍『オタクの行動経済学者、スポーツの裏側を読み解く』に、スポーツと数字をテーマ

にした具体例が書かれています。

　野球でバッターの打率が2.99と3.00の差というのは、一年のシーズンを通して、1000本中1本だけヒットが多い、という程度の違いです。にもかかわらず野球を観戦する人は、3割台か2割台で判断してしまいます。アメリカの大リーグで3.00と2.99の選手の年俸は、なんと13万ドル（1400万円くらい）も変わるという計算結果があります。なので、ビジネスの観点からすると、3.00よりも2.99の打者をチームに引き入れる方が、経営的には賢いという考えができます。

　陸上の100m走では、10秒を切るときと、9.9秒台から9.8秒台への注目度は違います。テスト結果を親に見せるときでも、78点だと渋い顔をされるけど、80点だったら褒められたりします。体温も37.0度や37.5度など、キリのいい数字で体調を判断しがちです。

　このように、キリのいい数字とその手前の数字には、不公平の壁が存在します。キリのいい数字はわかりやすいので、注目されやすいプラスの面もある一方で、その数字が持つ価値が十分に伝わらないといった、マイナスの側面もあります。

　こういった数字を扱った例は、ビジネスの場面でもたくさん見られます。キリのいい1000円よりも、980円や999円など、ちょっとだけ下げて安く感じさせるのは、価格設定の常套手段です。逆にSDメモリーカードなどでは、パッケージに16GBなどわかりやすい数字を使っていますが、実際の容量はそれよりも少し小さくなっています。他にも、見積もりを出すときに端数を切って値引き調整する場合がありますが、だいたいはその数に根拠はありません。受ける側も、端数を切ってキリのいい数字の方が、上司に報告しやすいから、という理由だけの場合もあります。

　スポーツに話を戻すと、キリのいい数字の指標は、本人の攻めと守りの姿勢にも大きく影響します。シーズン終盤で3割を少しだけ超えた打者は、2割に落ちたくないのでフォアボールを選ぼうとします。対して、3割弱の打者は果敢にヒットを狙いにいき、周りからも「なんとか3割を超えてほしい」といった協力や応援が得られます。なので、キリのいい数字よりも、あえてちょっとだけ低い数字に設定しておくと、攻めの気持ちを高めることができます。

活用方法

活用1. 打率より安打数にする

　打率は割合なので数値は上下します。バイアス5で紹介したプロスペクト理論によると人は損失を回避しようとするので、下がるリスクがあると「3割を切りたくない」といった保守的な思考がはたらきます。イチローは打率ではなく安打数を指標にしていました。安打数は下がりません。増えるだけなら「200安打まであと少し」といったように、前向きに数字を意識できます。頑張れば到達できそうなキリのいい数字の設定は、ユーザーに対してやる気の後押しにつながります。

活用2. 法則に当てはめる

　「15.8%のユーザーは」と数字だけの説明をしても、聞き手はあまりピンとこないでしょう。対して「アーリーアダプターに相当する、約16%のユーザーが」と伝えると、数字への意味性が格段と高まります。証明されている理論や法則の数字は、説得力があります。数字そのものに魅力が伝わらないときは、何かのわかりやすい理論に当てはめられるかを考えてみましょう。

- パレートの法則：80対20
- ハインリッヒの法則：1 ← 29 ← 300
- イノベーター理論：2.5% → 13.5% → 34.0% → 34.0% → 16.0%

活用3. おおざっぱにして隠す

　「87.5%が好意的だった」という数字の伝え方は、効果的ではありません。なぜなら、細かすぎてわかりにくい印象を与えてしまうのと、母数の少なさを見破られる可能性があるからです。この場合は、数字が下がっても「8割を超える」のように、大まかな言葉で伝える方が印象に残ります。

活用4. キリを悪くして印象に残す

　マラソンの距離は42.195km、みんな知っていますよね。サイクロン掃除機の開発でジェームズ・ダイソンは試作を5127台つくったそうです。5000台だと嘘っぽく聞こえますが、5127台だと、1つ1つ試行錯誤を積み重ねた苦労のあとが感じられます。累積する数は、実態に基づくキリの悪い数字の方が印象的に伝わる場合があります。

38 選択のパラドックス（多いと選べない）

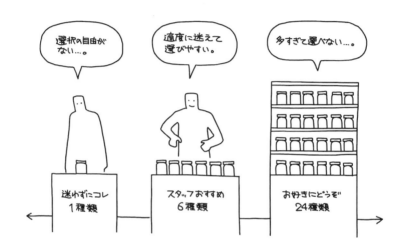

要約

- 多すぎると選べなくなる
- 選択したいかどうかは文化圏によっても異なる
- 選択しない方がいい場合もある

行動の特徴

　人生は選択の連続です。一般的には「選べることはよいこと」と考えられていますが、必ずしもすべてには当てはまりません。社会心理学者のシーナ・アイエンガーは、書籍『選択の科学』でこのことを論じています。特徴

を3つにまとめてみます。

1つめは、多すぎると選べなくなることです。著者の有名な功績の1つに、ジャム実験というものがあります。24種類のジャムを並べたときと、6種類だけを並べたときを比較すると、数が少ない6種類の方が多く売れる結果となりました。ユーザーは多すぎると迷いやすくなり、多すぎると選ぶこと自体をやめてしまうようになります。選択肢は制限した方が、効果的な場合があります。

2つめは、個人主義と集団主義の違いについてです。欧米圏などの社会では、多くの選択肢を持てることはよいと考える傾向があります。一方で、日本などのアジア圏では、決められた選択肢の方がよいと考える傾向があります。仕事に関する意欲と選択の自由度の調査結果では、アジア圏に多い集団主義は、上司に選択権があると意識していると、意欲・満足度・実績のスコアが高くなりました。対して、その他の地域に多い個人主義は、自身に選択権がある方がスコアは高くなりました。一概に自由であることがよいのではなく、選択肢がない場合の方がよいと感じる人もいます。

3つめは、選択には痛みをともなう場合があることです。生存確率が50％の状況で、手術をするかしないかの選択を迫られたとき、選択をしたこと自体が、後々の人生に後悔や罪悪感を負わせてしまう場合があります。このようなときは、選択を放棄する方がよい場合もあります。ポジティブな選択をするときは、自身が選ぶことで人生をプラスに向けられますが、ネガティブな選択をするときは、選択を他者にゆだねることで、過剰な責任意識を回避できるようになります。選択をしないという選択肢も、ときには必要です。

選択肢が増える＝幸せになる、ではありません。偏差値の高い大学に入れば将来の選択肢は増えますが、必ずしも選択肢が増えることがよい結果につながるわけではありません。選択肢をどう捉えるかはその人次第で、プラスにもマイナスにもはたらきます。たとえ選択肢が少なくても、限られた中でベストを尽くそうと覚悟を決められることで、よりよい結果に結びつく可能性もあります。ユーザーに選択肢を提供するときは、文化や状況を理解して、適材適所で使い分けをしましょう。

活用方法

活用1. 迷う状況を楽しむ

　商品やサービスを提案するときは、1つではなく、あえて多くの可能性を提示して「迷ってください」と示す方がよい場合もあります。相手は、その場で決めたいときもあれば、可能性を模索したいときもあります。かつてユニクロは、色のバリエーションをたくさん見せて、たとえ買わなくても買い物体験が楽しくなるような、迷うための選択肢を提供していました。決めるのが難しいときは、まず選択肢を楽しんでもらいつつ、そこで終わらせないような仕掛けも意識しましょう。

活用2. 制約で質を高める

　多くの創作活動は、制約の中から生まれています。厳しい土地の制約を逆手に取った建築プラン、紙面や印刷の条件の中でのマンガ表現などを見習い、アイデアに悩んだときは、あえて自分に制約を課すことも1つの方法です。ユーザーにとっても制約が嬉しい場面はあります。例えば、映画館では他のことはできないので内容に集中できます。特定の用途に限定したお店は、根強いファンを集めることに効果的です。このように選択肢の数をなくすことで、提供価値の質にフォーカスができます。

活用3. あえて選択肢を挟む

　選択に痛みを感じてもらうことが、効果的な場合もあります。『ReThink』は、アメリカで当時14歳の学生がつくったアプリです。ネットで誹謗中傷のコメントを送信しようとすると、「このコメントは誰かを傷つけるかも。それでも投稿したい？」という画面が表示されて「はい」か「いいえ」を選べます。テストでは、このメッセージによって、93％の誹謗中傷が削減できました。あえて選択肢を挟み込むことで、考えを思いとどまらせることができます。

アンカリングとプライミング（順番が大事）

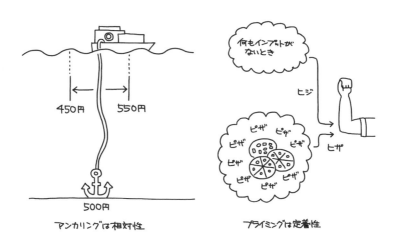

450円　　550円

500円

アンカリングは相対性

何もインプットが
ないとき

ヒジ

ピザ　　ピザ
ピザ　　　ピザ
ピザ
ピザ　　ピザ

ヒザ

プライミングは定着性

要約

- 先に入ってきた情報に強く影響を受けてしまう
- アンカリングは「相対性」で数字に多く使われる
- プライミングは「定着性」で言語に多く使われる

行動の特徴

　コンピューターと人では、記憶の仕方が異なります。コンピューターは、10秒前でも10年前でも、記録したことを同じように引き出すことができます。一方で人は、10秒前と10年前とでは、記憶の細かさも印象も変わ

りますが、関連したことを思い出すのは得意であったりします。人の記憶の前後関係には「アンカリング」と「プライミング」という考え方が影響しています。

アンカリング（Anchoring）のアンカーとは、船の錨のことです。港についたとき、錨を海の底に下ろすことで船が流されなくなります。心理学や行動経済学では、このアンカリングという言葉を人の心に対して使います。一度印象に残る記憶があると、人は無意識でアンカリングして（錨を降ろして）しまい、そこから大きく離れることができなくなります。例えば、定価500円に対して特価280円と出ているとお得感がありますが、定価が300円だと280円はあまりお得に感じません。ここでは、500円と300円がそれぞれのアンカーになっています。アンカリング効果は主に数字で使われます。

対してプライミング（Priming）のプライムは、先に入ってくる情報のことを意味します。先行して伝わったことが印象強く残っていると、その次の内容に対して、瞬発的に反応してしまいます。例えば、美味しそうな食事を見た後にS□□Pという文字が見せられると、SOUPを一番に想起してしまいます。ピザと10回いった後に、指差したヒジをヒザといってしまうゲームも一緒です。プライミング効果は主に言語やイメージに対して使われます。

一見、両方とも似ていますが、アンカリングは降ろした錨の基準値に対しての振れ幅である「相対性」であるのに対して、プライミングは植え付けられたイメージがくっついて離れない「定着性」という違いがあります。

コンピューターは、たとえ2つの情報が似ていても、意味付けをプログラミングしない限りは別物と認識します。対して人は、2つの情報に対して、関連性を見出したり、ストーリーを持たせようとします。なので人は勘違いをすることもあるけど、ときには分析的な思考では思いつかない新しい発想を生み出すこともあります。

アンカリングとプライミングは、記憶の順番が大きく関係します。同じ情報でも、順番を入れ替えて重みの強弱をつけると、意味合いや伝わり方は変わってきます。順番によって価値は2倍にもなれば台無しになる場合もあります。見せる順番には気を付けましょう。

活用方法

活用1. 順番を入れ替える

　料金体系を、高い → 安い → 中くらい、の順番で表示すると、「安い」がより際立つようになります。順番による効果は、金額だけではありません。ネガティブな情報を最初に持ってきた後に、最もポジティブな情報を提示すると、たとえそのポジティブな情報がさほどすごいことでなくても魅力的に見えます。チラシでは、定価 → 特価の表示が一般的ですが、ウェブサイトや音声メディアのような情報がストーリーとして流れていく媒体では、時間と順番の関係を効果的にデザインすることができます。

活用2. キャッチコピーで植え付ける

　ビジネスの説明では、結論から先に述べた方がいいといわれますが、正直に結論をすべて最初にいってしまうと、その後の話の展開が盛り下がるし、深みが感じられなくなります。結論ではなく、ユーザーに問いかけるようなキャッチコピーでテーマを印象付ける伝え方は、プライミング効果を使った優れた方法です。メッセージを発しているけれど、結論はいわずに相手に考えさせることで、プライミングを植え付けて発信者が意図する土俵にあげることができるようになります。

活用3. 戦略的に論点を絞り込む

　アンカリングとプライミングを概念的に捉えると、コンセプトを伝えることだといえます。コンセプトとは「論点の設定」です。まず論点の土俵に乗せるために、相手にプライミングを植え付ける言葉を用います。具体案では最初に提示する案でアンカリングを行い他の案も紹介すると、検討範囲の絞り込みが意識的に行えます。企画やデザインを提案するときは、このような戦略性を持つことで、成功率を高められるはずです。

フレーミング効果
(ものはいいよう)

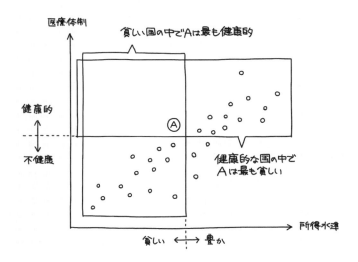

要約

- 同じ内容でも切り取り方によって印象が変わる
- ポジティブに伝えると行動につながりやすい
- 解釈をねじまげた強引な印象操作は不信につながる

行動の特徴

　同じ内容でも、伝え方によって印象が大きく変わることを、フレーミング効果といいます。2019年に話題となった、ハンス・ロスリングらによる書籍『FACTFULNESS』には、フレーミングに関係する内容も書かれていま

す。例えば、ある国は「貧しい国の中で一番健康的」なのか「健康的な国の中で一番貧しい」なのか、線の引き方だけで伝わり方が180度変わります。簡単にいうと、フレーミング効果とは「ものはいいよう」です。

　同じ内容でも数字の起点をどちらにするかによって、意思決定も大きく変わります。医療従事者を対象にした研究で、「術後1ヶ月の成功率は90％です」と伝えると、手術すると回答した人は80％でした。　一方「術後1ヶ月の死亡率は10％です」と伝えると、手術すると回答した人はわずか50％でした。他にも学生に対して「前回よりもテストの成績が上がれば2000円渡す」とすると喜びますが、「2000円渡すけど、前回より成績が下がれば返してもらう」と伝えた場合は、反応はいまいちでした。

　フレーミング効果は、1つの事実に対して表現の仕方で印象を変えることができますが、恣意的な使い方や悪用にもつながりかねません。テレビの説明パネルなどで、意図的に印象操作のために解釈をねじまげて、誤ったグラフの表現をしていることが時々あります。ビジネス上の資料でも絵的によく見せるだけのために、客観性のない表現をする人もいます。このようなことが見破られると、相手に不信感を与えて炎上することにもなりかねません。

　フレーミング効果は、ユーザーが物事をポジティブに捉えるよう使うべきです。「マンションポエム」という言葉を知っているでしょうか。マンションのチラシに書かれている「杜に住まう」とか「邸宅を臨む」などのキャッチコピーです。入居時期が近づいた建物のチラシに「最終章（グランドフィナーレ）」といったような言葉をたまに見かけますが、これもフレーミング効果の1つです。「最終章」は、残っている部屋を売るためのうたい文句ですが、ポジティブな言葉に置き換えることで、今が買い時と思わせる効果があります。

　コップにもう半分しか水が残っていないのか、コップにまだ半分も水が残っているのか、という表現もよく使われる例えです。ポジティブに捉えることで社会がよい方向にはたらくために、フレーミング効果の有効活用を考えてみましょう。

活用方法

活用1. 数量で伝える

　割合での表現は、具体的な規模感が伝わりにくい場合があります。例えば、マンション販売の広告で「3/4は決まった」とか「あと25%」だと、残りの数がわからないので、まだ大丈夫かなと思ってしまいます。対して「残りあと5部屋」と伝えると、このタイミングを逃すともう手に入らない、という「あと少し」のフレーミングがはたらきます。具体的な数での伝え方は、宿泊や座席の予約などにも見られ、バイアス5で紹介した、損失を回避したいプロスペクト理論と強く関係します。

活用2. 単位を変える

　「1000mg配合」といったような食品成分の表示がありますが、単位を変えると1g、0.001kgとなり、少なく感じてしまいます。1億円と書くより、100,000,000円と書く方が、量が多く感じるかもしれません。このように強調したいときや大きく見せたいときは小さい単位を、小さく見せたいときは大きな単位を使うと効果的です。

活用3. 言葉で数字を飾る

　同じ2日でも「たったの2日で」と「じっくりと2日で」では、長さの印象は大きく変わります。もちろん、言葉づかいに嘘や偽りがあってはいけませんが、数字は客観的な情報なので、その数字がユーザーにどのような価値があるかを伝えるためには、言葉での修飾や補足が効果的です。

バイアス 7.

人は気分で
反応する

　どんな大人であっても、感情を抜きにして行動することは至難の業です。特に、好きだからや、楽だからといった本能的な気持ちにはあらがえません。商品やサービスを使うユーザーの感情を前向きにさせることは、購入や使用のきっかけに大きく影響します。人は機械とは違って感情的な生き物だと思って観察をしてみると、ユーザーの行動をうながすヒントが隠れていることに気が付きます。

好意（好きだと寛容に）

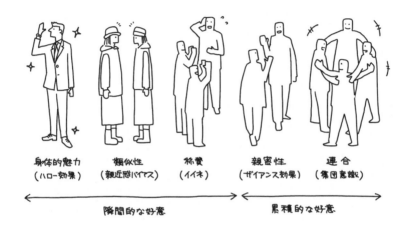

身体的魅力　類似性　　　称賛　　　親密性　　　　連合
（ハロー効果）（親近感バイアス）（イイネ）（ザイアンス効果）（集団意識）

瞬間的な好意　　　　　累積的な好意

要約

- 好きだと受け入れやすくなる
- 好きには瞬間的な好意と累積的な好意がある
- 商品やサービスの好き嫌いは人に対する印象と似ている

行動の特徴

　相手に好感を持っていると、内容に関わらず相手の要求を受け入れやすくなります。顔のいい人や、感じのいい話し方の人だと、ついつい受け入れてしまいます。好感度の高い芸能人がCMに出ていると、ついその商品

を買ってしまうのは、多くの人が経験していることです。

　好意を引き起こす要因は、次に説明する1〜3の直接的な要因（瞬間的な好意）と、時間軸が加わり累積した4〜5の間接的な要因（累積的な好意）に分かれます。

　1つめは、身体的な魅力による好意で、このことを「ハロー効果」といいます。HelloではなくHaloで、日本語だと後光が差した状態のことを表しており、何か1つが際立っていると、他の特徴もそれに引っ張られて強調されてしまうことを意味します。ポジティブな面だけではなく、ネガティブな面が際立っていたら、他も悪く見えてしまいます。

　2つめは、類似性についてです。「親近感バイアス」という概念が影響して、人は自分と近いと感じる方に親しみを持つ傾向があります。似た顔立ちや服装の人に好感を抱いたり、わかりやすい社名の株の方が取引される傾向が強く見られます。

　3つめは、称賛についてで、これは最近の言葉に置き換えると「イイね」をもらうことです。周りが厳しい人たちばかりの環境の中で、優しい言葉をかけられたら、つい相手のお願いを聞いてしまうはずです。たとえそれが危険な勧誘であってもです。

　4つめは、親密性についてです。内容を問わず、相手と触れる回数が増えるほど愛着も高まることを「ザイアンス効果」といいます。同じクラスや職場の人のことが好きになりやすくなったり、身内に対して甘くなってしまうのは、この効果がはたらいています。親密性は身体的要素も関わるので、バイアス4で紹介したタッチ効果ともつながりがあります。

　5つめは、連合による集団意識です。時間が積み重なると共に協力し合いたくなる気持ちが生まれます。極端な例では、銀行強盗に人質に取られた人が、犯人たちに協力してしまう「ストックホルム症候群」が挙げられます。連合は、バイアス4で紹介した内集団と外集団の考え方にも通じます。

　ユーザーが好意を持つきっかけは、自分と相手との距離感にも大きく関係します。商品やサービスのことを、人工物や無形物ではなく1人の人格として考えてみると、距離感を縮めて好かれるためのヒントに気付くことができるかもしれません。

活用方法

活用1. 憧れと親しみを混ぜる

　「このデザインいい！」と思うのは、人に対する好みと似ています。例えば、Appleの商品デザインにはちょっと背伸びした感じがあって、GoogleのUIにはもう少し親しみやすさがあります。このように、デザインを人格で例えてみるとわかりやすく考えることができます。自分と共通点はあるけど憧れでもある存在、ユーザーにどんな人格が好まれるかを考えてみましょう。

活用2. 褒めたときにお願いする

　人気のオンラインサービスは、利用するとたくさん褒めてもらえることが多いです。例えば、初期設定をしただけで「バッチリ！」といってもらえたり、ちょっとでも達成したら「おめでとう！」といってもらえます。「称賛」には2つの大きな効果があります。1つはサービスを継続する動機付けになること。もう1つは、お願いごと（アンケート、情報入力、知り合いの紹介など）に協力してもらいやすくなることです。お金をかけて広告を打つよりもユーザーを褒めた直後にお願いする方が、無料でも強い反応が期待できます。

活用3. 協力して一緒に分かち合う

　親密性と連合は、商品やサービスに関わるファンとの結び付きをより強固にします。例えば、スポーツにおけるファンと選手の関係。ファンの応援や期待に選手が応えると、チームが盛り上がり、観戦チケットやグッズの売り上げも増えて、サービスが活性化する、という好循環が生まれます。デジタルサービスでも、シェアリングエコノミーなどのコミュニティによるビジネスモデルなどは、いずれも「つくる人」と「使う人」とが、相互に関係し合って成長しています。

⬡ 42 チート（みんなラクしたい）

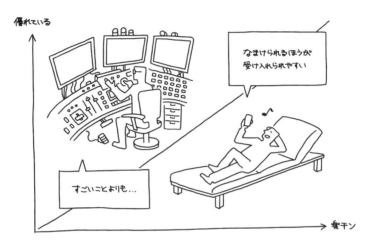

要約

- 人は「すごい」より「楽チン」な方を選ぶ
- ただし楽チンのために高額な支払いをするとは限らない
- 人は楽チンになると、その代わりに別のことを頑張る

行動の特徴

　人は本質的になまけものな生き物です。こう考えてみると、開発者がこれまでユーザーに無理を強いてきたことに気付き、より簡単な製品やサービスをデザインするきっかけが生まれるかもしれません。スティーブン・

ウェンデルによる書籍『行動を変えるデザイン』によると、ユーザーの行動を手助けする戦略の1つが、これまで学術的にはあまり研究されなかった「チート」と呼ばれる方法です。チート（Cheat）とは日本語だと、ズルをする、うまく逃げる、という意味です。人は楽ができることの方を好む傾向があります。

　技術の観点でチートを考えてみると、すごい技術よりも、楽チンになれる技術であることの方が、ユーザーにとっては重要であるといえます。スマホのQR決済が普及した理由も、反対に3D映像やVRの商用サービスがイマイチ普及しない理由も、ユーザーが楽チンに使えているかどうかが影響している、という要因に気付くことができます。人間はそんな生真面目な生き物ではありません。

　ビジネスの検討ではこういった観点が抜けがちで、ついすごい技術を追求してしまいます。優秀なビジネスパーソンほど、ついユーザーも賢く勤勉な人だと思い込み「このくらいやってくれるに違いない」と考えてしまいがちです。例えば役所の記入書類を見れば、そのことがよく現れていますが、少しでも難しさを感じてしまうと、正しく記入できる人の割合は著しく低下し、利用する動機の妨げにもなります。

　対して近年、人気を集めているのは、なまけものなユーザーにやさしい商品やサービスばかりです。iPhone、LINE、メルカリなどは、いずれも楽チンだからみんな使い始めて普及しているといえます。競合と比べて、提供するものがどのくらい頑張らなくていい仕様になっているかは、ユーザーに使ってもらえるための評価軸の1つになります。

　ただし、チートを考えるときの注意点が1つあります。ユーザーは楽チンなものすべてに高額な利用料を支払うわけではありません。あくまでも同じ価格帯の中で、楽チンな方を選びます。セグウェイは楽チンな製品として高い注目を集めましたが、それよりも安価な電動自転車や電動キックボーダーがあって、使い勝手や利便性に大きな違いがないと感じるならば、ユーザーはそちらを選びます。

　ちなみに、楽チンなテクノロジーが増えると、人は何もしなくなるかというと、そんなことはありません。楽チンの普及によって3つの新しいことに適応していきます。1つめは、人はその分野でこれまでの限界を超え

ようとします。例えばタイピングの技術が発達したことで、長編の小説が多く生まれ、人々が文字を読む量はワープロやPCが普及する前に比べて飛躍的に増えました。2つめは、人は他のことを頑張ろうとします。家電が普及したことで、料理により時間を費やしたり、外で働いたりするようになりました。3つめは、人は面倒なものを愛する文化をつくろうとします。家電が普及するとキャンプが人気になったり、スマホが進化するとフィルムカメラの愛好家が増えたりと、利便性や効率性とは異なったことに興味を持つ人が現れるようになります。

このように考えると、人は楽チンを求める一方で、実はなまけものではなく、複雑な思考をする生き物だといえるかもしれません。

活用方法

活用1. 操作させない

はじめから設定されていると、ユーザーは面倒くさがらずに使ってもらえます。例えば、初期状態で席が指定されている新幹線の指定席の操作画面は、席を変えたい人だけ選び直すことができる楽チン操作に設定されています。この発展として、1の操作を10にする方法もあります。一文字打つだけで変換候補を出してくれるキーボード入力や、カードを抜くとすべての電気が消えるホテルのルームカードなどは、限りなく少ない労力で多くの操作が行えます。

活用2. ついでにする

1つの行動をしている間に、別のことを提供する方法です。例えば、食事したついでにアンケートに答えてもらうファミレスや、ログインをした流れでプロフィール設定もしてもらうアプリなどがあります。この発展として、ノリでやってもらうよう誘導する方法もあります。人は気分がいいときは面倒でもやってくれる傾向があるので、はじめの行動をしてくれたことに対してユーザーを褒めると、次に進んでもらいやすくなります。

活用3. 繰り返す行動を自動化する

　同じことを、なるべくユーザーにはさせない方法です。一度入力したことのあるパスワードを前回の記録をもとに再入力不要にしたり、日々の習慣になっている操作を設定しないでも自動で記録されているようにすることなどです。さらにはクセが記録されていると、一律ではなくその人にあった自動化が設定されて、サービスの質を高められます。炊飯器の炊き方や健康に関する習慣など、個人の行動やクセに関連するものでいろいろな適用が考えられそうな方法です。

43 真夜中のラブレター
（感情まかせで後悔）

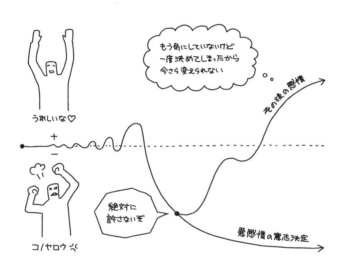

要約

- 衝動的な感情で行動すると後でだいたい後悔する
- 一度行動すると撤回が難しく長期的な不利益につながる
- ネガティブな感情のときは無理にうながさない方が賢明

行動の特徴

　一晩寝た後に読み返してみたら恥ずかしくなってしまう、真夜中に書いたラブレターのような思春期の思い出だけではなく、仕事上のメールなどでも似たような経験をしている人は多いはずです。

行動経済学ではこれを、感情と行動の不一致による機会損失と捉えます。短期的な感情による行動は、長期的には不利になりやすい結果を招いてしまいます。

　例えば、相手に対してキレてしまったときに発した言葉を、後悔してしまうような状況が挙げられます。他にも、仕事や恋人同士のケンカやサービスに対する怒りのクレームなどは、誰しも経験があると思います。一時的な感情で長期的な意思決定をしてしまうと、次のように後で自分が望まない行動にしばられることになります。

- じゃあやめます → もう一度やりたいけど撤回できない
- 絶対に許さない → もう許してあげたいけど自分からはいえない
- 挑発を受けて宣戦布告する → 冷静に考えたら勝算は低い

　心理学で「最後通牒ゲーム」という実験があります。これは、お金を持っている送り手が、お金を持っていない受け手にいくら渡すかを観察する実験です。この実験の応用で、お金を渡す前に感情を刺激したら、結果がどう変わるかを調べた研究があります。受け手が不愉快な映画を観た場合は「だったらいらない」と、お金をもらうことを拒否する人が多くなりました。反対に、受け手が愉快な映画を観た場合は「ありがとう」と、素直にお金を受け取る人が多い結果となりました。

　この研究で興味深いのは、まったく関係のない出来事でも意思と行動を左右してしまうことです。どんなにいい商品やサービスであっても、ユーザーがいい気持ちのときでないと受け入れてもらえないということがわかります。ユーザーにとって一番よいタイミングを見極め、一足飛びに解決しようとせず、段階的にネガティブからポジティブに切り替わるための仕掛けを考える必要があります。

　ネガティブな感情を引きずる現象は、過去の自分の行動や思考に依存して決定を下すこととも関係します。例えば「そういや前に不快な思いをされてムカついたから、仕返ししてやれ」という意思決定です。これはかなり時間が経っても続き、特に男性に強いようです。

　相手が機械ではなく人間だからこそ、画一的な対応ではなくその人の気

持ちを察して、ネガティブ感情を解消する方法を考えてみましょう。

活用方法

活用1. 決定を留保させる

　単純な話ですが、相手がキレているときには、意思決定させないことをおすすめします。不満を伝える内容であれば、夜にメールを送らないよう1日の間を空けてから考えたり、送信前に読み返す仕組みを入れましょう。そして、その間にいい体験を提供することです。例えば何かの苦情があったとしたら、その場で判断させるのではなく、代わりのサービスを提供して、何はともあれまずは楽しんでもらいましょう。するとネガティブな感情は薄まって、じきに提案を受け入れてもらえるはずです。

活用2. 感情軸と違う条件を出す

　坂本龍馬は、優れた商人（ビジネスパーソン）でもあったといわれています。薩長同盟の仲介で、その有名なエピソードがあります。長州は当時、敵対関係だった薩摩と同盟することは心情的に許せませんでした。そこで坂本龍馬は、同盟すれば長州は薩摩から武器が手に入り、薩摩は長州から米をもらえる、という実利的な条件を提示しました。これによって同盟を決意する後押しになったといわれています。感情的なときに実利的条件を提示するのは、2つのよい点があります。1つは冷静になれることで、もう1つは自分に言い訳ができることです。頑固な人の心を正面切って動かすことは難しいけど、言い訳ができれば「仕方ないな」といって妥協の糸口をつくることができます。心の奥では受け入れてもいいと思っていそうなら、観点の異なるアプローチで攻めることが効果的です。

44 ゲーミフィケーション（遊びと努力）

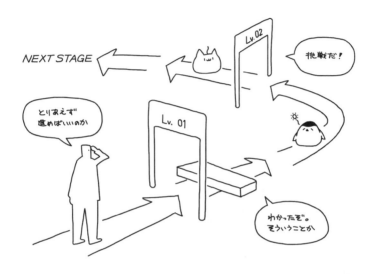

要約

- 遊びは自由で楽しく、報酬や命令には左右されない
- 遊びはスペックには出てこない魅力を訴求できる
- 遊びは段階的に提供することで親しみが増すようになる

行動の特徴

　楽しくないと続けられません。そのために、遊びの要素は欠かせません。社会学や文化人類学では以前から「遊び」が注目されており、最近は「ゲーミフィケーション」という言葉も注目を集めています。

歴史学者のヨハン・ホイジンガは、ホモ・サピエンスやホモ・ファーベルに対して、ホモ・ルーデンス（遊ぶ人）という概念を提唱しました。遊びは何よりも自由で楽しい行為で、人は遊びを通して文化を生み出してきたという考えです。遊びは報酬とは無関係なので、楽しいと大変なことでも続けられるという特徴は、人ならではの不合理で素晴らしい現象です。

　そして、社会学者のロジェ・カイヨワは、ホイジンガの考えをより具体的に論じました。遊びの特徴を次の4つに分けています。

- 競争：スポーツなど、ルールのもとで勝負する遊び
- 模倣：演劇やごっこ遊びなど、空想の世界をつくる遊び
- 運：賭け事など、先がわからないドキドキを感じる遊び
- 眩暈：スキーや遊園地など、スピードや錯覚を味わう遊び

　次に現代に移ります。近年のビジネスには、ゲーミフィケーションによる遊びの要素を取り入れたものがあります。例えば、iPhone は任天堂のゲームのように説明書がなく、少しずつ操作を覚えていくことにユーザーは楽しさを感じて使い続けられます。遊びはスペック表には出てこない魅力があり、いくら理屈で利点を説明されても、感覚的に気持ちいいものには勝てません。

　ゲーミフィケーションには、いくつかのテクニックがあります。例えば、できることをだんだんと増やしていくアンロックという方法や、挑戦の難易度を少しずつ上げるレベルデザインなどの考え方があります。これらはいろんなビジネスのサービスに適用できそうです。他にも、画面を見ただけで何をすればよいかを示唆させたり、物語を伝えてその世界にのめり込ませるための工夫など、ゲームからはユーザーを迷わせず夢中にさせる多くの方法が学べます。

　特に固い業界ほど、このような段階的に親しんでもらう工夫が大切です。敷居を下げるために、かわいいイラストやキャラクターを用いている商品やサービスは多く見られます。でもそれは、導入のほんの入り口です。使い続けてもらうためには、その先の「できて嬉しい」や「発見がある」といった、遊びの体験までの提供が必要です。

遊びは、理屈抜きに興味を持たせて導入の敷居が下がることによって、つらいことも楽しんで取り組めるようにする力があります。ヨハン・ホイジンガは「遊びは努力をするために与えられた機能」と主張していました。このことからも、遊びと真面目は表裏一体だといえます。

活用方法

活用1. 演じてみる

スイスの発達心理学者のジャン・ピアジェは、三段論法の問題を頻繁に間違える子どもに対して、遊びの要素を取り入れてみました。真剣な口調で説明したときには、研究者が予想できる範囲の回答になりました。ところが、遊びの口調で説明したときには、4歳の小さい子どもでさえ頻繁に問題を解けるという結果となりました。これはカイヨワの定義で、模倣（演劇やごっこ遊び）にあたります。模倣の遊びは、学習意欲を高めるモチベーションになるだけでなく、自分の偏見を取り除いて素直な気持ちでその世界に関われる効用を持っているといえます。

活用2. 競い合ってみる

NIKE+を皮切りに、多くの人はランニングをするときにスマホアプリを使うようになりました。走った距離をマップで見たり、仮想上で他の人とタイムを競い合ったりしています。スポーツの楽しさの1つは相手との競争や協力であり、これはバイアス1で紹介したピア効果ともつながりがあります。ただし、競っている状態が楽しいのであって、相手に勝った状態は遊びではなく優越感です。そこを間違えないようにしましょう。

活用3. ミニゲームにしてみる

会議室からは出てこないような、遊びのアイデアによって社会課題に取り組んだ事例があります。スウェーデンにあるピアノ鍵盤型の階段は、歩

くことで音が出る楽しい仕掛けになっていますが、利用者は、何だろうと気になってエスカレーターではなく階段を使うことで、健康増進に寄与する効果を生み出しました（ただし、慣れてしまうと利用率は減ったようです。ゲーミフィケーションでは飽きさせない工夫が大事です）。他には、ホームレスへの寄付行為に遊びを取り入れた例があります。世論のあるテーマに対してYesかNoをコインで投票してもらうことで、寄付の行動につなげる仕組みです。お金を渡す人は社会参加の意識で関われて、受ける人も尊厳を傷つけずに成立している、素晴らしいデザインです。

バイアス 8.

人は決断に
とらわれる

　人は自分が一度決めたことによって、自身の行動を制限してしまうことがあります。これは、考えと行動が一致していないと嫌だと思ってしまう性質が要因となっています。過去に決めたことが行動を促進することもあれば、誤った決断であっても軌道修正をすることが難しくなることもあります。ユーザーに決断してもらうことは、その後の行動を左右する標識のようなものです。

45 一貫性（固執と結び付け）

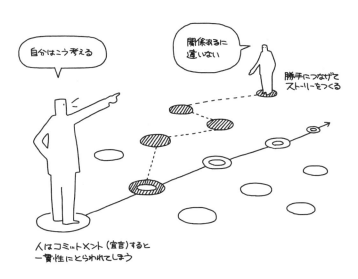

要約

- 自分の話したことや行動の関連性を一貫させたくなる
- 一貫させるためにつじつまを合わせようとする
- 2つの事象に対して何かしらの意味を見つけようとする

行動の特徴

　人は自分の発言や態度を一貫したものにしたいし、他人からもそう見られたいと考えます。一度いってしまったので後には引けない、という経験は誰もがあるはずです。

一貫させるのがよい理由は3つあります。1つめは表裏や嘘のない人だと社会からの評価が高くなるから、2つめは言動と行動が一致していると相手に理解が得やすいから、3つめは疑う必要がなくなるからです。一貫性は、他者と仕事や生活する上では欠かせない能力です。

　人は一貫性を他人にも自分自身にも強く求めます。そのため、発言や態度を示す発信側も、それを見聞きする受信側にも、それぞれ一貫性の思考が過剰にはたらきます。

　発信側は、自身の行動を束縛してしまうことがあります。自分の意見や立場を主張することを、コミットメント（宣言）といいます。政治家のマニフェストもこれに当てはまります。コミットメントは、社会的信頼を得たり他者に安心を与えることができますが、一度発信してしまうと、後には引けなくなるリスクもあります。

　例えば「AとBどちらが好きですか？」という質問に「Aの方が好きです」と回答すると、Aにコミットメントをしたことになります。次に「どんなところが好きですか？」と聞かれると、Aのよい点を多く挙げて、Bは悪い点を多く挙げるようになります。実はBもそれほど悪くないと思っていてもです。この状況をうまく利用して、相手の考えや行動を制限するよう仕向ける人もいます。「だって、さっきそういっていましたよね？」と話す承認誘導というテクニックで、一貫性を利用して相手を不利な状況に追い込みます。

　受信側は、つじつま合わせの思考がはたらき、勝手に一貫性のあるストーリーをつくるようになります。これは簡単にいうと、思い込みです。例えば、外の天気が曇り空で歩いている人が傘を持っていたら、それを見た人は「きっと雨が降るに違いない」と考えます。でも実際は傘を持っているのは、前の日に置き忘れていただけかもしれないし、別の用途で使うのかもしれません。多くの人は、曇り空と傘の2つの事象を、1つの文脈に勝手に結び付けてストーリーを考えます。このことを「錯誤相関」といいますが、これも一貫性の思考によるものです。

　子どもの頃は一貫性をさほど意識しませんが、大人になるにつれて一貫性を強く意識するので、年齢によって一貫性の施策が効果的であるかどうかは変わってきます。

活用方法

活用1. カテゴリをつくる

　「森ガール」や「ノームコア」などのファッションスタイルは、言葉が定義付けされたことで広く認知されるようになり、そのスタイルを支持する人も増えました。新しいものには共通認識がないため、ユーザーは一貫した行動を意識することが難しいです。そこで名前や分類などカテゴリを定義することで、一貫性を高めることができます。

活用2. シリーズでそろえる

　商品やサービスの世界観や思想に惹かれると、それ以外のものを混ぜることは一貫性がないと考えるようになります。例えば、ファッションやインテリアなどに適用できますし、Apple ユーザーはなるべく Apple 製のデバイスをそろえようとします。ビジネス側の一貫性が高いほど、ユーザーはその会社を長く幅広く使ってくれるようになります。ただし、ユーザーをガチガチに束縛させると、窮屈さや飽きを感じさせてしまう可能性もあるので、余白を持たせておくことも場合によっては必要です。

活用3. 一部は絶対変えない

　商品やサービスが進化する過程では、これまでの機能や使い勝手が少しずつ変わっていくことで、気づいたらはじめに感じていた魅力がいつの間にか失われたという場合があります。なので、いろいろ変えても一部は絶対に変えないことがロングライフの秘訣です。例えば復刻モデルを販売することは、はじめにあった魅力を思い起こさせファンの心をつなぎとめることができる1つのテクニックです。

46 サンクコスト（もったいないの罠）

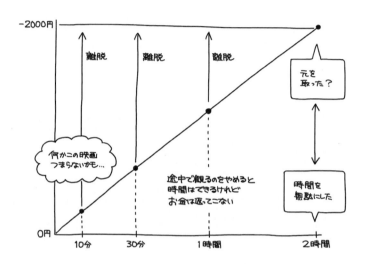

要約

- 先にお金を払うと元を取ろうと考えてしまう
- 投資と成果を意味付けすると損切りができなくなる
- ときには損切りしないで没頭することも大事

行動の特徴

　映画館に行き、上映開始10分でつまらない内容だと感じた場合、どうするでしょうか。「せっかくだから最後まで観続けよう」とするか「時間のムダだから出てしまおう」と判断するか、という選択肢があります。

これは「サンクコスト」の考えそのものです。映画を観る前に払ってしまったお金は取り戻せません。映画は約2時間ですが、映画が面白くてもつまらなくても、払ったお金は返ってきません。ならば、つまらない場合はすぐに観るのをやめて映画館を出た方が、自分にとって時間の損失が少ないと考えられます。

　サンクコストとは、Sunk（Sink＝沈むの過去分詞）＋ Cost（お金）のことで、沈んで戻ってこないお金のことを意味します。「せっかく払ってしまったのでもったいない」と思って続けてしまうと、損失はどんどんふくらみます。なかなか事業撤退できなかった飛行機のコンコルドが、サンクコストの代表例としてよく挙げられます。

　サンクコストはお金の話だけではなく、スポーツ、勉強、趣味など、投資した時間や労力の全般にいえることです。客観視ができず投資したことに対して結果は比例するはずと思い込んでしまうと、撤退するタイミングを逃してしまいます。

　ただし、何でも冷静に損切りをすることが、よいとも限りません。損かどうかだけですべてを判断をしてしまうと、自分の知らない可能性に出会う機会を失うことにもなりかねません。同じ映画を観ても「変なシーンや矛盾を見つけて、友達との話のネタにして映画代の元を取るぞ」と考える人もいます。バイアス2のバンドワゴン効果でも紹介した、みうらじゅんは、対談でこのような発言をしています。

　《どんな映画でも、観終わったあと、すぐにエレベーターのあたりで「つまんなかったね」と、一言で片付ける人がいるでしょう。それは才能と経験がない人なんだと思います。映画は、おもしろいところを自分で見つけるものなんですよ。》（じゅんの恩返し - ほぼ日刊イトイ新聞　恩返しその38　https://www.1101.com/ongaeshi/050823index.html）

　サンクコストを意識した損切りの考えは大事だけど、ときにはサンクコストを気にせず、没頭することが必要なときもあります。損切りは、他の人だったらどう思うか、蓄積したものを一度端に置いて冷静になってみるという外発的な視点です。対して没頭は、やり通してみたら何か見つかる

かもしれないという内発的な視点です。どちらかに偏ってるなと思う人は、損切りと没頭の両方を行き来できるよう、意識してみてください。

活用方法

活用1. 離見の見で観察する

　費やした時間と労力は、必ずしも成果には比例しません。時間に対して結果がついてこないときは一度、一歩引いた視点で冷静に自分の状況を見つめてみましょう。これによりサンクコストの罠に陥らず、切り替えのための方針転換ができるようになります。ジャパネットたかたの元社長・高田明は、能の世界でいわれている「離見の見」という考え方を参考にしています。自分を客観視して、過去の成功や自身のスタイルだけに固執せず、ユーザーの心を惹き付ける商品の紹介を常に考え続けていました。

活用2. 無邪気にユーザー視点で発言する

　商品開発の会議で、力の入れどころや議論の観点が間違っている、という状況はよくあることです。そんなときは、ユーザーの立場で発言してみてはどうでしょう。「そんなことされてもユーザーは困るよね」とか「自分だったら、本当に買いますか？」などです。開発側にどっぷり潜っていると、こういった視点が抜け落ちがちです。ユーザーを盾に、社内で費やした労力の損切りをうながしてみましょう。

活用3. 相手の心情を大事にする

　ただし、関係者の心情を逆なでするのはよくありません。任天堂の元社長・岩田聡は、プログラマーとして活躍していたときに、ゲームソフト『MOTHER2』の開発で関係者に「今あるものを活かしながら手直ししていく方法だと2年かかります。イチからつくり直していいのであれば、半年でやります」と伝えました。損切りの判断は合理性の視点だけでなく、関

係者の気持ちが迷いなく切り替えられているかを象徴する場面です。ビジネスはみんなの協力で成り立っていることを、忘れないようにしましょう。

活用4. 期間を定めてやり続ける

　TED Talkで注目を集めた『マット・カッツの30日間チャレンジ』という動画があります。無理せずにできそうなことを、とりあえず30日続けてみて、「違うな」と思ったら別のことに切り替えていいし、「これだ」と思ったら習慣化してしまえばいいわけです。期限を設定することで没頭ができるし損切りの判断もできる、素晴らしいメソッドです。

47　認知的不協和（セルフ洗脳）

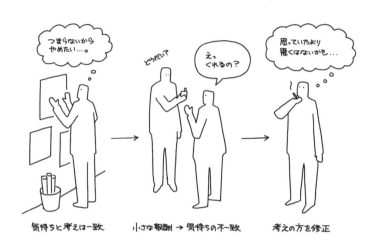

気持ちと考えは一致　　小さな報酬 → 気持ちの不一致　　考えの方を修正

要約

- 気持ちと考えがともなっていないと考えの方を変えてしまう
- 考えを変えさせるには少ない報酬の方が効果がある
- 褒めてやる気を出させることには使えるが悪用は厳禁

行動の特徴

　人は自分の考えと行動が一致していないと、不快な状態になります。山口周の書籍『武器になる哲学』に、洗脳はこの仕組みが利用されていることが書かれています。カルト宗教や危険な思想を持つ集団は、相手が逃げら

れない場に人を誘い込み、次の2ステップを行います。

- 集団に好ましいことをしてもらう
- 小さな報酬を渡す

　この単純な仕組みに、認知的不協和が大きな影響を与えています。まず相手に何か作業をさせます。ここではまだ「自分は無理やりやらされた」という、気持ちの言い訳ができます。ところが、その後に小さな報酬を与えて受け取ってもらいます。そうすると、報酬をもらったことへの言い訳はできなくなりますが、行動も取り消すことはできないので、「一理あるかも」と自分の考えを補正しようとします。これを繰り返すと、相手の要求をいつの間にか受け入れてしまいます。実は自分自身でしている「セルフ洗脳」が、認知的不協和のからくりです。

　この小さな報酬というのがミソです。大きな報酬だと「大金のために仕方なくやった」と別の言い訳ができますが、小さいと行動したことに対する言い訳がしにくくなってしまいます。

　心理学者であるレオン・フェスティンガーは、このことを証明する実験を行いました。被験者につまらない作業をさせたのに、次の人には「面白かったよ」と伝えるようにします。そのとき半分のグループには少ない報酬を渡して、もう半分は多い報酬を渡しました。すると、少ない報酬の方が作業に対する満足度は高かった、という結果になりました。

　洗脳には明らかな意図があるけど、実際の社会では、報酬を与えている本人にも自覚がない場合が多くあります。あたりの強い上司がたまに飲み物を買ってあげるような状況は要注意です。これは、警察の取調室での恫喝とカツ丼によって容疑者に自白をうながすことと同じ構図です。与える本人の財布はほとんど痛まないのに、実は相手の考えを変えさせる高い効果を得ています。

　ビジネスの応用では、ユーザーが乗り気ではないときに、褒めたり小さなプレゼントを与えることで、やる気につなげることができます。これも認知的不協和の1つですが、商品やサービスにこの理論を活用しようとすると、ユーザーを操ることになりかねないので注意しましょう。

活用方法

活用1. ギャップ萌え要素を入れる

　背伸びをして慣れない高級レストランを訪れるお客さんにとって、品位を保ちつつも気さくに話しかけてくれるウェイターの接客は、ユーザーの不安を解消する小さな報酬に相当します。敷居が高いと感じさせることに対して、やさしく親しみのあるギャップ萌えの要素を提供することで、ユーザーの行動と気持ちのズレを修正させることができます。

活用2. 褒め続ける

　ついさぼってしまいがちな勉強や、つまらない事務作業、やる気を出して楽しんでもらうために認知的不協和を使ってみてはどうでしょう。本人は「つまらない」「意味がない」と思っても、それに対して「さすが！」「すっごい助かる！」と伝えると、認知が変わるかもしれません。アカウント設定など、面倒と感じる操作に対しては、大げさなくらい褒めてみましょう。よい意味での、「豚もおだてりゃ木に登る」ための誘導です。

活用3. 返報性で意識を向けさせる

　他社商品が好きな人をターゲットユーザーにする場合、正面から商品価値を訴求するより、何か小さな報酬を先に渡して、返報性を使うことが効果的です。例えばビールだったら、まず1缶渡してその場で飲んだ感想を聞きます。もらった手前、悪口はいえないので「美味しい」などの感想をいうはずです。すると意図しなかった発言と小さな報酬がセットになり「このビールも悪くないかも」と考えを改めるきっかけになります。これは文字通り、恩を売る＝恩返しのきっかけで商品を売る、ということになります。

3章

ナッジ

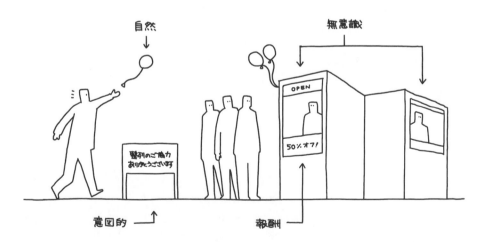

自然 ↓

無意識

意図的 →

報酬

ナッジ 1.

ナッジを理解する

　3章では、ユーザーに行動をうながすための方法を紹介します。まずは、実践する上で欠かせない「ナッジ」の考え方を知り、次に行動経済学をビジネスで実践するためのフレームワークを紹介します。

48 ナッジの構造

ナッジとは

　3章では、行動経済学を実際の商品やサービスに活用する「ナッジ」の方法を説明します。

　ナッジは「小突く」という意味です。軽くヒジでつつくようにユーザーを後押しして、好ましい選択ができるように、そっと仕向けるための方法です。私利私欲のために強要したり、あからさまに誘導をすることはナッジではなく、スラッジ（汚泥という意味）といいます。

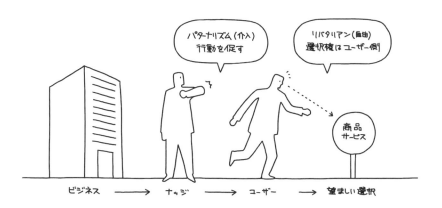

　なので、ナッジは前提として倫理観が大事です。書籍『実践行動経済学』の著者である、リチャード・セイラー と キャス・サンスティーンは、ナッ

ジには「リバタリアン・パターナリズム 」という考え方が欠かせない、と述べています。リバタリアンとはリバティ＝自由のことです。パターナリズムとはパターン化のことではなく、パトロンの語源であるパテル＝父のことで介入を意味します。自由と介入、矛盾する２つの言葉ですが、あくまでも選択肢は自身にある中で、よりよい選択肢が行えるようにうながすことを意味しています。ユーザーに自由がない選択肢の提供はナッジではありません。

　ナッジは、ユーザーが間違わないよう操作してもらう、楽しみながら使うことができる、といった目的で用いられます。ユーザーの立場に立って、商品やサービスの仕組みを考えることは、デザインという行為そのものであるともいえます。ナッジを組み込んだ商品やサービスがデザインできるようになると、ビジネスの価値を高めるだけでなく、よりよい社会をつくることにもつながるはずです。

異なる2つの目的

　ナッジをデザインするには、2つの視点を行き来することが必要となります。1つは、ユーザーにとって嬉しいことは何かを考える視点です。そしてもう1つは、商品やサービスを提供するビジネス側の人が、ユーザーに起こしてほしい行動は何かを考える視点です。実はユーザー側の目的とビジネス側の目的は、多くの場合は一致しません。ここが難しくもあり、デザインで工夫のしがいがあるところでもあります。

　例えば、ナッジの有名な事例に、ハエの絵がついた男性用トイレがあります。ハエに気が付くと、ユーザーは思わずハエをめがけて当てたくなります。このときユーザー側には、ただ楽しいからやってみたいという目的があります。一方ビジネス側には、衛生的に使ってもらいたいという、ユーザーとは違った目的があります。このように、2つの目的はそれぞれ異なりますが、ハエの絵という1つのデザインによる解決策で、両者の目的を結び付けています。

　『仕掛学』の著者である松村真宏は、ユーザーに行動をうながすためには、3つの要件が必要だと述べています。1つめはFairness＝誰も不利益

を被らない公平性です。2つめは Attractiveness＝行動が誘われる誘引性です。そして3つめが Double of Purposes＝提供者と利用者の目的が異なる、目的の二重性です。

　ビジネス側の理論で考えた商品やサービスが、実際には意図した通りに使ってもらえない、といったことはよくあります。その要因の多くは、ユーザー側の目的があまり考慮されずにデザインされているからです。あなたが、何か企画や提案をしようとしているなら、まずユーザー側とビジネス側の異なる目的を、それぞれ書き出してみましょう。そして、2つの異なる目的を満たす解決策は何かを考えてみましょう。これを見つけることが、ナッジをうながすためのデザインのヒントにつながります。

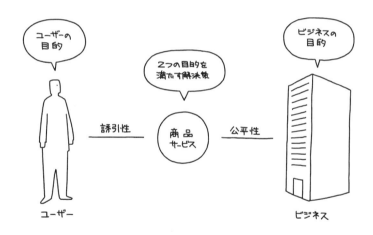

介入度合い

　とはいえナッジは、人を誘導するテクニックの1つであることには変わりありません。誘導にはいくつかの方法があります。次の図にあげた、強制、要請、交渉、そしてナッジは、それぞれ介入度合いが違います。例として、行政のコロナ対策を照らし合わせて、比較してみましょう。

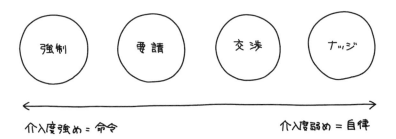

　最も介入度の高い「強制」は、施設での検温や感染発覚時の14日間隔離に相当します。これは命令に近いものです。行動をうながす方法の中では一番強力ですが、ユーザーが悪意を持たずに取る行動に対して、法律などの強制力をはたらかせることは簡単ではありません。

　その次に位置付けられる「要請」は、政府や都道府県の発表などでよく見られます。お互いが理解を示していれば問題はありませんが、判断をユーザーの良心にゆだねているようで、要請に従わない飲食店などには社会的制裁を科すといった、相手に罰を与えるような使われ方も見られます。この場合は要請ではなく、強要や脅迫になります。

　対話の機会を持つ「交渉」は、Give & Takeの世界です。リモートワークや時短営業にすると補助金が出るなど金銭だけではなく、条件を受けることで他者より優位な条件が得られることも、交渉の条件には含まれます。この場合は損得の世界なので、善意や良心とは異なる実利的なアプローチになります。

　そして、最も介入度が低いのが「ナッジ」です。例えば、店舗の入り口と出口を分けることで人の混雑と接触を避けるといった工夫は、人が不快に思わずそのくらいなら別にいいよ、と思えるものです。このようにユー

ザーが無理なく望ましい選択ができるよう設計されていることを、ナッジでは「選択アーキテクチャ」といいます。他と比較したときのナッジの特徴は、次のような点です。

- ユーザーが不利にならないための誘導
- ユーザーが気づきにくい誘導
- ユーザーが平等に受けられる誘導
- ユーザーは気兼ねなく断ることもできる誘導

　なのでナッジは、命令とは対極の、ユーザーの自律を尊重した誘導であるといえます。

⬡ 49 ナッジのフレームワーク

次にナッジをビジネスで検討するときの方法について、代表的な2つのフレームワークを紹介します。商品やサービスの企画やデザインをするときのプロセスや、ナッジの効果測定をするための評価指標を用いることで、計画から検証までを含めた考え方ができるようになります。

検討プロセス

1つめは、企画や開発からサービスの提供や改善を繰り返していく、検討プロセスについてです。いくつかのフレームワークやメソッドがありますが、ここではOECD（経済協力開発機構）が生み出した「BASICの5ステップ」が、とてもわかりやすいので取り上げます。

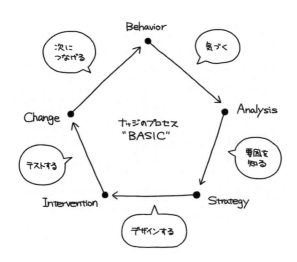

Behavior（人々の行動を観察する）

　まずはじめに行うことは、ユーザーの観察です。利用者を起点に物事を考えないと、すぐにビジネス視点での利便性や効率性に偏ってしまいます。何はともあれユーザーに着目しましょう。具体的には、商品やサービスを利用している状況を近くで観察したり、直接ユーザーに話を聞いてみることです。ここでは定量的なデータよりも「何でこう思うのだろう？」といった定性的な気付きを重視しましょう。

Analysis（行動経済学的に分析する）

　次に、ユーザーの行動や気持ちから、人ならではの傾向を見つけてみましょう。ここでは2章で取り上げたバイアスが関係します。行動や考え方が何に起因しているのかを、行動経済学に照らし合わせて分析してみましょう。どうしてそういう行動や考え方をするのか、という理由がわかると、解決策のヒントを見つけることにつながります。

Strategy（ナッジの戦略をデザインする）

　BehaviorとAnalysisで、ユーザーが達成したい潜在的な目的が把握できました。次にビジネス側の目的を書き出して、二重の目的を整理してみます。そして両者の目的を満たすためのアイデアは何かを考えます。解決策となるアイデアは強制や要請ではなく、ユーザーが自然に選択できるナッジによる方法を検討してみましょう。

Intervention（ナッジで介入する）

　ナッジによる方法とアイデアが見つかったら、商品やサービスのどの部分に適応できるかを考えてみましょう。必ずしもお金をかければよいわけではなく、例えば伝える言葉の表現を少し変えるだけでも、ユーザーの行動に大きな変化を生み出すことが可能です。一方で、高い効果が期待され

るものであっても、ビジネスを運営する上で無理のない方法を選ばないと
継続が困難になります。最小限の施策で最大の効果を目指しましょう。

Change（ナッジによる効果を計測する）

　ナッジを適用したら、ユーザーの行動が変わった要因が何にあるのかを
分析します。デジタルサービスであれば比較的データは取りやすいです
が、そうでなくても、接客での反応を観察したり、ユーザーに直接聞いて
みるなどをして、ナッジの内容を見直ししてみましょう。

チェック方法

　2つめは、ナッジを評価するためのチェックリストです。ここでは、シ
ンプルでユーザーの心理に直結しやすいモデルの「EAST」を紹介します。
EAST は、イギリスの BIT（Behavioral Insights Team）という機関が考え
たチェックリストです。

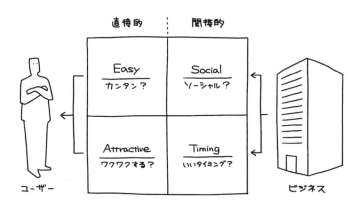

Easy (カンタン?)

　人は機械とは違って面倒くさがるし、物事を楽に解決しようとします。2章で紹介したバイアスの中では、ヒューリスティックやチートなどが、特にこのことに直結します。あるいはタッチ効果などの、商品やサービスに対する親しみや距離感に対する心理もここに当てはまります。ビジネスシーンではつい複雑に難しく考えてしまいますが、ユーザーは簡単で楽にできるほど嬉しいと感じます。ユーザーに「させよう」と考えるのではなく「こんなことだったらわけない」と思えるような、やさしい方法を意識しましょう。

Attractive (ワクワクする?)

　面白さも、機械では感じられない人ならではの要素です。どんなに優れたものであっても、楽しくなければ必要最低限のことにしかユーザーは興味を持ってくれません。ゲーミフィケーションのようなワクワクさせる方法もあれば、心理的リアクタンスのように禁止に対する反動などで、興味を惹き付ける方法もあります。それらをナッジすることによって、いかに楽しい体験を提供できるかを意識しましょう。

Social (ソーシャル?)

　商品やサービスを提供する場所や環境を意識してみましょう。ここは多くのバイアスが関係します。ピア効果、社会的選好、権威、返報性などは、相手を気づかう意識が高まります。個人ではなく集団になると、ハーディング効果やバンドワゴン効果など、社会規範の意識も高まります。さらに内集団と外集団のような距離感に対する意識も影響して、いわゆる「空気を読む」気持ちの特性も影響します。商品やサービスを使うときは、その後ろに誰かの存在を感じさせることによって、機械とは違った周囲を気づかう意識が生まれます。

Timely（いいタイミング?）

　最後は時間についてです。現在バイアスやエンダウドプログレス効果など、時間そのものに関することや、アンカリングとプライミングなど、商品やサービスを使うときの順番や前後関係は、意思決定や行動に大きな影響を与えます。加えて、ユーザーのそのときの条件や気分や決断なども関係します。ユーザーに語りかけたり、フィードバックをする時期を十分に吟味するなど、タイミングを意識しましょう。

　このように、検討プロセスとチェックリストのフレームワークを使うことで、商品やサービスにナッジを取り入れるときの考え方が整理できるようになります。ただしフレームワークとは、あくまでツールの1つです。フレームワークありきで検討を進めてしまうと、枠を埋めることばかりに注力してしまい、本当にユーザーが望んでいるかといった視点が欠けてしまいがちです。繰り返しますが、大切なのはユーザーの立場から考えることです。

ナッジ 2.

ユーザーの
行動につなげる

　それでは今度は、ナッジの具体的な方法を大きく4つに分類して紹介します。4つとは、ユーザーがほとんど無意識に近い状態で選んでもらえる「デフォルト」、ユーザーがつい使ってしまいたくなる「仕掛け」、ユーザーの自身の行動を意識させる「ラベリング」、ユーザーと交渉の関係で選んでもらう「インセンティブ」です。適切に使い分けができるように、それぞれの違いと特徴を理解しておきましょう。

50 デフォルト（無意識にうながす）

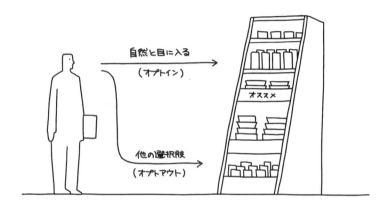

自然と目に入る
（オプトイン）

オススメ

他の選択肢
（オプトアウト）

要約

- はじめから選ばれていると、ユーザーは変えずに選ぶことが多い
- デフォルトはユーザーの決断コストを下げる効果がある
- 初期設定を選ばなくてもよいという選択肢も必ず提供してあげること

仕組みの特徴

　ナッジのテクニックで、最もよく知られている方法が「デフォルト」の設定です。デフォルトとは、ゼロから選ぶのではなく、はじめからすでに何かが選ばれている状態にしておくことです。

行政の取り組みの例では、臓器提供や個人年金の登録について何も選択しなければ自動で加入することになる、というデフォルト設定をしたところ、加入率が大幅に上がりました。対して、加入するなら自分でチェックを付けるという方式では、加入率はかなり低くなりました。このように、初期設定をどちらにするかによって、ユーザーが選択する結果は大きく変わります。デフォルト設定は、他にもいろいろな場面で使われています。

- 新幹線の指定席を選ぶとすでに席が決まっている
- 目立つ位置に人気メニューを並べる
- タバコのパッケージに健康の害を伝える
- ネットストアで関連コンテンツが並んでいる
- メルマガ配信にチェックがついている

　デフォルト設定を用いる上で、1つ大切なルールがあります。それは、選択の自由を保持する、ということです。上に挙げた例はいずれも、選択のおすすめはされているけど、それに従わないという選択もできます。新幹線の席を変更する選択肢もあるし、パッケージに喫煙は悪いと書かれていてもタバコを吸うことはできます。

　デフォルトで選択されている状態をオプトイン（加入）といい、デフォルトから外れることをオプトアウト（離脱）といいます。このオプトインやオプトアウトを、ユーザーが自由に選択できるようにすることが、デフォルト設定を設計する上では欠かせません。断りにくい状況をつくったり、退会の手続きを複雑にすることなどは、ナッジの考えに反しています。

　デフォルト設定に対しては、ユーザーに公平性が担保されていないと反論を述べる人もいます。ですが、そもそも本当の意味で、すべてのユーザーに公平な条件を提示することは不可能です。リスト表示であれば、一番はじめの項目に注目が集まり、後半の方はあまり注目されません。位置関係や順番、誰が話したか、どんな言葉づかいか、といったあらゆるバイアスに対して、ユーザーは影響を受けてしまいます。であればその中で、なるべくユーザーが好ましい選択ができるようにしてあげるべきです。このようにデフォルトは、最も簡単に行動をうながすことができるナッジの

テクニックです。

効果的な理由

理由1. 暗示と指示

　最初から何かが選ばれていると、ユーザーは「詳しい人がすすめてくれたのだろう」と思ってしまう傾向があります。特に自身が詳しくない分野に対しては、この意識がより強くなります。例えば、定食屋でのおすすめメニューは「お店の人がそういうなら間違いない」と考えます。ここには、相手に対する過信が引き起こす権威や、多数派になびくハーディング効果などのバイアスが影響します。ただし、これらはユーザーから信頼があることが前提です。疑いがあると、むしろ心理的リアクタンスがはたらいて、ユーザーは提供者側の意図とは逆の行動を取りたくなります。

理由2. 惰性や引き伸ばし

　習慣を変えるのは面倒くさいものです。使っていないのに解約しないままの状態や、「後でやる」といってそのままにしている人は、少なくないはずです。人は1日に平均35,000回も意思決定をしているらしく、決断する数が多いと疲れてしまいます。デフォルト設定は、ユーザーの決断コストを最小限にして、負担を感じさせず行動をうながせる、という利点があります。現状を変えたくない正常性バイアスや、決めたなら使い切らなければと考えるサンクコストもここに関係します。

理由3. 基準点と損失回避

　あえてデフォルトを外すという選択肢を選ぶと、ユーザーが「今よりも損をするのでは？」という気持ちになります。理由1にもつながることですが、自身が詳しくない状況に対しては、自分の意思で選択すること自体にリスクを感じます。このとき、ユーザーは得よりも損の方を強く意識す

るプロスペクト理論がはたらきます。あるいは、自身で何かを選ぶときには選択した責任がともなうので、自信がないときは選択をしない方が気が楽になる選択のパラドックスも関係します。

理由4. 罪悪感

　ユーザーは、相手の気持ちを感じ取りながら行動します。理由3と同じく、あえてデフォルトを外すという行為は、相手の好意を踏みにじることにつながります。ここには、お互いさまの関係で成り立っている返報性や、相手を気づかった選択をしてしまう社会的選好や好意も関係します。

51 仕掛け（自然にうながす）

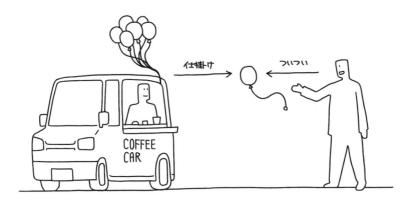

要約

- 楽しい仕掛けがあると、ユーザーはついやってしまいたくなる
- 長所はアイデア次第で少額の投資でも大きな効果が期待できる
- 短所は飽きやすいので長続きしにくい

仕組みの特徴

　「仕掛け」は、ユーザーがついやってしまいたくなるよう、ひと工夫を組み込んで行動をうながす方法です。自社が取り扱う商品やサービスに不満や課題が見つかると、マイナスをゼロにすることに意識が向けられがちで

194　3章　ナッジ

すが、仕掛けを用いて解決策をユニークに考えると、マイナスをプラスにも反転できます。

　代表例は男性用トイレのハエです。これは、つい当てたくなってしまうというユーザーの心理を利用しています。仕掛けの事例は、デフォルト設定に比べて、選択肢がよりユーザー側にあって楽しくなってしまうものが多く見られます。他にもこのような例があります。

- 穴のカタチで捨てるものの種類がわかるゴミ箱
- ピアノに見立てた階段（階段を上ると音が鳴る）
- 順番通りに並べたくなる本の背表紙（マンガでよく見られる）
- 三角のトイレットペーパー（ガタガタして消費量を抑える）
- 不法投棄を抑制する鳥居の設置

　自然とユーザーにはたらきかけるための方法は、いくつかの研究と実践例があります。プロダクトデザイナーの深澤直人は「WITHOUT THOUGHT」という考えをもとに、自然の行動に即した商品を手がけています。認知科学者のD.A.ノーマンは、適切な行動への知覚可能なサインを意味する「シグニファイア」という概念を提唱しています。そして、人工知能の研究者である村松真宏の、つい選びたくなる理由を体系化した「仕掛学」があります。3つには、それぞれ異なる特徴もありますが、ここでは「ついやってしまいたくなる」という共通点に着目しています。

　仕掛けで行動をうながすには、アイデアの工夫を具体的なカタチにすることです。例えば、ユーザーがドアを押すか引くかは、ノブのカタチによって変わります。エレベーターの開閉ボタン、減速を意識させる道路の斜線なども同様です。ユーザーにあまり考えさせずに、瞬発的に反応して使ってもらい行動につなげられるアイデアを考えてみましょう。

　仕掛けの長所は、先端技術を使わなくても、少額投資で大きな効果が得られる可能性があることです。トイレのハエはシール1枚で済むので、素材開発や掃除代よりも安上がりでキレイに使ってもらえます。この長所を活かせるかどうかもアイデア次第です。一方で短所は、いずれ飽きてしまうことです。どんな面白いものでも、行動を繰り返すうちに魅力を感じな

くなります。

　利便性や効率性などスペックの観点で、問題解決を考えようとすると、「つい選びたくなる」というアイデアはなかなか生まれません。仕掛けの理論をまとめた松村真宏の書籍『仕掛学』では、アイデアを考えるときは、事例や類似性を転用することや、子どもやユーザーの行動を観察すること、などをおすすめしています。特に子どもは、面白いと感じれば飛びついて反応します。穴があったらのぞきたいし、ネジがあったら回したくなるものです。頭でっかちに考え込まずに、素直な気持ちを大事にしましょう。

効果的な理由

理由1. 娯楽性

　まず何よりも、ユーザーが楽しんで使ってもらえる、という点が仕掛けの特徴です。男性用トイレのハエも、穴の形を合わせたゴミ箱も、積極的に行動したくなるアイデアです。ここには、ゲーミフィケーションの考え方はもちろん、自分で手を加えたくなるDIY効果、相手の存在があると競いたくなるピア効果などが関係します。内発性の動機が大事なので、アンダーマイニング効果に陥らないよう、商品やサービスに報酬の要素を組み入れるときは要注意です。

理由2. 没頭性

　よく考えられた仕掛けは、操作ミスや期待ハズレが少なくなり、ストレスを感じません。さらに、ユーザーが意識ぜずに使ってくれれば、操作が手間だとも思いません。ポイントは、いつの間にか夢中になって使ってくれることです。つい触ってしまいたくなるタッチ効果や、関わるとだんだん楽しくなってくるエンダウドプログレス効果、依存を引き起こさない範囲でのギャンブラーの誤謬などを用いて、ユーザー自身が好きだからやっている、という状態をつくる方法を考えてみましょう。

理由3. 倫理意識

　行為をやめる気持ちにさせるときも、仕掛けのテクニックは効果的です。鳥居を置いてゴミなどの不法投棄を抑制するアイデアは、ユーザーの倫理観に訴える代表的な方法です。ここには、社会規範を意識させる社会的証明や傍観者問題、周囲の目を意識させられるシミュラクラ現象、自分の行動を正当化させたくなる認知的不協和、既視感があると経験則で判断をするようになるヒューリスティックなどが活用できます。

ラベリング
（意図的にうながす）

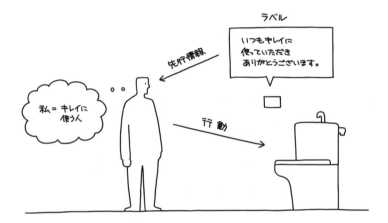

要約

- 先に「決めつける」と、その内容に沿って行動してくれる
- 特にユーザーが潜在的に行動を変えたいときに後押しとなる
- 偏見を助長させるためにラベリングを用いないこと

仕組みの特徴

　公共施設のトイレで「いつもキレイに使ってくれて、ありがとうございます」という貼り紙を見たことはあるでしょうか。まだ使っていないユーザーに対してキレイに使ってくれる人、という決め付けをすることで、

ユーザーに望ましい行動を仕向けることができます。これが「ラベリング」の効果です。

　ラベリングは、デフォルトや仕掛けと比べると、ユーザーへの介入度は少し高めですが、行動を強制はしていないし、従わない選択肢も確保されています。それでも、最初に「あなたは〜ですね」といわれると、心理的には、それと違った行動が取りにくくなります。ラベリングは他にも、このような使われ方があります。

- 人気No1と書かれている商品の棚
- いつもご利用ありがとうございますのかけ声
- ほとんどの人が期日内に納税していますの一言
- 行動に対して褒めてくれるWebサービス

　デフォルトの説明で、ユーザーは習慣を変えるのを面倒くさいと感じると書きました。ラベリングはこのような状態に対して、行動を後押しするきっかけを提供するという効果があります。例えば、自動車の運転で、カーナビが「長時間の運転お疲れ様です。そろそろ休憩しませんか？」という提案をしてくれると、ユーザーは休むためのきっかけができるので、行動を変える意識付けができるようになります。この場合、はじめの「長時間お疲れ様です。」の一言によって、疲れている状態であることをラベリングしているからです。

　一方、ラベリングは決め付けでもあるので、当然取り扱いは要注意です。ラベリングの考え方はもともと、集団規則から逸脱した人という烙印を押し付けられることで、社会適合がより難しくなることから、問題提起された考え方です。例えば、黒人だからという偏見で疑いをかけるというラベリングが、当事者だけではなく周囲の人も含め社会に悪影響を与えていることは、最近のニュースを観ても明らかです。ステレオタイプでの決め付けや、階層で分けるようなことは、ユーザーの心情を逆なですることにもなりかねないので、気を付けましょう。

　決め付けが、意識や行動をより助長させることもあります。内集団と外集団でも紹介しましたが、数学のテストに対して、女性の意識を強めると

成績は下がり、アジア人の意識を強めると成績が上がる、といった影響を受けてしまいます。ラベリング付けをして、より効果を高めるはたらきかけを「ピグマリオン効果」といい、逆にやる気をなくさせるはたらきかけを「ゴーレム効果」といいます。ナッジは、ユーザーをよりよい方向にうながすための手段なので、ピグマリオン効果を目指すことが、前提でなければなりません。

効果的な理由

理由1. 先行情報

　ユーザーは先に受け取った情報に、強く影響を受けてしまいます。自分は絶対にAだと考えていても、自分が発言する前に、相手からBがお得ですと熱心に説明されると、Bの方に心が動いてしまいます。アンカリングやプライミングによる基準点の設定や、枠組みによって印象を変えるフレーミング効果、周りに影響されるハーディング効果などがここに関係します。その場面でユーザーが考えたり行動をする前に、何かを伝えるタイミングを見つけることができれば、ラベリングの要素を提供するデザインが考えられます。

理由2. 因果関係

　ユーザーは、自分の考えや行動と結果が一致していないと気持ち悪く感じて、都合のよい方向に解釈をして信じ込もうとします。この薬は高かったんだから効くに違いないと考えるプラセボ効果や、使ってしまったから悪くはいえないと思ってしまう認知的不協和、原因と結果を結び付けようとする回想バイアスや一貫性などが、ここに関係しています。

理由3. 周囲の期待

　ユーザーは安心できる状況を心地よいと感じます。気持ちのゆとりがあ

るほど、周囲や社会とのつながりを強く意識するようになります。ラベリングはこういった周囲からの期待に応えて、いい人であろうと思わせる効果があります。相手を気づかう社会的選好や、周りの状況に従って同調した行動を意識する社会的証明、お互いさまにつながるようなナッシュ均衡などが関係します。ユーザーや社会にとってよい方向に向かうためのラベリングは効果的ですが、偏見や差別や排他のメッセージで内集団と外集団を意識させるラベリングは、社会の分断を助長させることになりかねないので気を付けましょう。

53 インセンティブ （報酬でうながす）

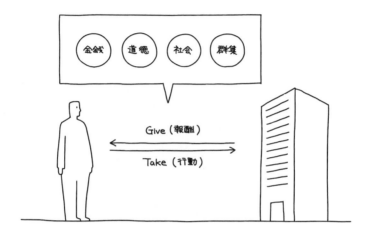

要約

- 金銭だけではなく、社会性などの条件もインセンティブになる
- インセンティブによって、相手の本音を明らかにすることもできる
- 必ず抜け道を探そうとする人が出てくる

仕組みの特徴

　ナッジは、無意識に行動をうながすことが理想ですが、ユーザーが自分の意思で選んで行動をしてもらう場合には、インセンティブ（報酬）の設計が欠かせません。熟考させる選択肢ではなく「だったらこれを選ぼう」と、

自然にユーザーに仕向ける方法をここでは取り上げます。

　インセンティブは、直接的で表裏のない意思（表明選好）にはたらきかけるものもあれば、口ではいわなかったり、自分でも自覚がない無意識である意思（顕示選好）にはたらきかけるものもあります。金銭が欲しいときの意思表明はわかりやすいですが、承認欲求などは見えにくい意思です。インセンティブの動機は大きく4つに分かれます。例えば省エネでインセンティブを提示すると、次のように表現が変わります。

- 金銭的：お得になりますよ。
- 道徳的：環境保護につながりますよ。
- 社会的：やると褒められますよ。
- 群集心理的：みんなやっていますよ。

　ビジネスでは金銭で解決する案が多く見られますが、実社会では、他3つの方が強力な場合もあります。社会心理学で有名な『影響力の武器』の著者でもあるロバート・チャルディーニは、電力消費の節約に対して、インセンティブの言葉を変えて人々の反応を測定しました。結果、一番効果があったのは「ご近所の皆さんと省エネを進めましょう」という言葉でした。「ご近所」という言葉が、集団に加われると安心できて、反対に加われないと不安になる、という心理にはたらきかけています。

　インセンティブとは逆に罰を用いるときにも、4つの報酬はそれぞれ人の心理や行動に影響します。ある保育園は、両親のお迎えが遅れる状況に罰金の仕組みを取り入れました。両親はそれまでは遅刻に対して申し訳ないと思っていましたが、罰金によって「お金を払えばいいんだ」と考えるようになりました。その結果、遅刻する人がさらに増えてしまいました。金銭と他3つのインセンティブの違いがよく現れている例です。

　寄付のような利他的な行為でも、インセンティブは効果があります。スマイル・トレインという口唇裂手術をサポートする団体は、寄付者の善意に頼るだけでなく、「今すぐ寄付してくれれば、2度と寄付は求めません」という案内を出しました。これによって、寄付の割合を増やすことに成功しました。続けたい人は継続して寄付してくれて、これっきりの人も今回

限りとして高い割合で寄付をしてくれました。

　インセンティブは、相手の本音を引き出すことにも使えます。アメリカの靴の通販会社として知られているザッポスは、社員が最初の研修を終えた時点で、給与1ヶ月分をもらって辞めるか、もらわずに仕事を続けるか、自身で選べる制度を取り入れました。これは、金銭的インセンティブと社会的インセンティブを、天秤にかけたテストです。ザッポスは社内文化を重視している会社なので、短期的な利益が強い動機になる人は望んでいません。この選択はどちらであっても、本人にも会社にも望ましい結果となります。

　一方インセンティブには、注意点もあります。それは、抜け道を見つけようとする人が必ず出てくることです。「コブラ効果」という植民地時代のインドでの例があります。コブラをつかまえたら懸賞金を出すルールをつくったところ、懸賞金目当てでコブラを育成する人が出てきました。そして懸賞金のルールを止めると、育成されたコブラが野に放たれて、よりコブラが増える結果となりました。仕組みの穴をつかれて裏目に出た事例は、行政の政策や環境問題などでよく見られます。ユーザーを過信せず、注意深く設計しましょう。

効果的な理由

理由1. 機会損失

　デフォルトと同様に、ユーザーは提示された条件に対して、損をしないことを強く意識する傾向があるので、交換条件が有利だと感じたり、リスクが少ないと感じられれば、インセンティブは機能します。ここにはプロスペクト理論や希少性が関係しています。さらに、ここに時間軸が加わると、今交換しなければ損になるという、現在バイアスも影響します。

理由2. 群衆心理

　ハーディング効果やバンドワゴン効果に代表されるように、周りがやっ

ているという条件が選択にも影響を与えます。ユーザーは、集団に所属できることによって有利になれる、社会的インセンティブや群集心理インセンティブを意識します。例えば、行列に並んでいれば希少な機会を得ることができると考えたり、多数派に属していれば自分だけが目立つことがないという安心感が得られるなどです。

理由3. 自己弁護

　習慣や意識を変えることは難しく、周囲がアドバイスをしてもなかなか聞く耳を持ってくれないものです。そんなとき、インセンティブの交換条件が提示されると、自分の気持ちを一度突き放して、冷静に行動を見直すきっかけになります。真夜中のラブレターで紹介した例のように、ユーザー自身が言い訳できる感情軸とは別の選択肢の提供が効果的です。

理由4. 等価交換

　インセンティブは交換条件で成り立っているので、対等な関係でなければいけません。ユーザーが権威や返報性などを感じ取り、相手に操られていると感じてしまうと、反発したくなる心理的リアクタンスがはたらきます。また、インセンティブが金銭の場合、ユーザーは実利的なこと以外に関心を持たなくなるので、アンダーマイニング効果の外発的な動機だけでなく、内発性にはたらきかけることも意識しましょう。

ナッジ 3.

商品やサービスを
デザインする

　最後にデザインの観点から、商品やサービスに行動経済学を適用することを考えてみます。デザインの専門領域は多岐にわたりますが、行動経済学はその領域をまたいで、バイアスやナッジの仕組みを適用することが可能です。最も関与しやすいテキストの表現から、ビジュアルやモノや空間など、さらにはビジネス検討をするときの戦略や心がけまでを、デザインの方法として紹介します。

54 テキスト

テキストは、最も簡単にユーザーに伝える方法の1つですが、コピーライター、シナリオライターなど、言葉を操る専門家が活躍する領域でもあります。プロが手がけた事例を参考に学びながら、伝え方に工夫を加えてみましょう。最近は、デジタル化が加速したことで、テキストを読む機会が増えて、ユーザーは長い文章を読むことへの抵抗も少なくなっています。音声メディアや音声操作も、テキストの使い方の発展系の1つといえるでしょう。強く印象に残る言葉を伝えるためには、正しさよりも、記憶に残り気持ちをはたらきかける「粘着性」を意識しましょう。

デザイン1. 語りかける

　不特定多数に伝えるよりも、目の前の「あなた」に語りかける言葉づかい
をすると、ユーザーはより自分ごと化できるようになります。無機質な言
葉をより親密に接する表現に変えて、仲間意識を感じさせるテキストであ
れば、ユーザーが行動を変えるきっかけを生み出しやすくなります。

デザイン2. 数字を使う

　数字は客観的な情報ですが、伝え方によってはユーザーの主観的な印象
を大きく変えることができます。同じような数字でも相対的に見せること
で、ポジティブにもネガティブにも見せられますし、数字で損得の気持ち
を加速させることもできます。また数字は、文章を読まなくてもパッと見
て判断ができるという長所もあります。

デザイン3. 端的に打ち出す

　世の中には、多くの優れたキャッチコピーがあります。専門家ではない人が
安易に手を出すべきではありませんが、キャッチコピーはビジネスの多くのシー
ンで活用できます。例えば企画書を提案するときに、長々と伝えるよりも、一
言で印象に残る言葉を使うことで、受け手の関心を高めることができます。伝
え方にひと工夫を加えてみましょう。

デザイン4. クオート（引用）に頼る

　匿名のメッセージではなく、広く知られている人物のメッセージを用いると、
説得力は大きく変わってきます。後世に引き継がれている名言や有名な人が述
べた発言は、商品やサービスの価値を高めることができます。ただし、多用し
すぎると逆効果なので、ここぞというときに用いてみましょう。

デザイン5. 名前をつける

　言葉によって、商品やサービスあるいはユーザー層のカテゴリをつくることができます。例えば「アメカジ」という言葉を多くの人に定着させられると、ファッションやライフスタイルなど、関連する商品やサービスをユーザーに強く呼びかけることができます。定着させるには、印象に残りやすく想起しやすい言葉選びが欠かせません。

デザイン6. 言葉で装飾する

　同じ内容であっても、伝え方によってポジティブにもネガティブにも感じられる工夫ができます。なぜそれがよいかを説明して納得性を高めたり、数字と合わせて魅力的に伝えるなどの方法によって、言葉で装飾をすると、ユーザーへの印象を変えることができます。

デザイン7. 「?」と思わせる

　淡々と説明されるよりも、ドキッとさせられたり疑問を投げかけられる方が、ユーザーは興味を持ってくれます。特に最初にインパクトのある投げかけができると、ユーザーをその後の議論の土俵に乗せることができます。テキストに抑揚をつけてみましょう。

55 ビジュアル

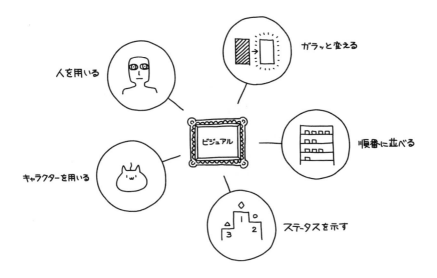

人を用いる

ガラッと変える

ビジュアル

順番に並べる

キャラクターを用いる

ステータスを示す

　ビジュアル表現は、紙媒体だけでなく、テレビやスマホの画面など多くの場面でユーザーが目にする伝達手段です。ビジュアルのよい点は、テキストを読まなくても瞬時に伝わるので、すぐ行動につなげやすいことが挙げられます。一方で、印象や解釈は人それぞれ異なるので、意図通りに伝えることが難しくもあり、時に誤解を招くことにもつながりかねないので慎重に検討しましょう。ここでは、キレイな見た目の表現の探求よりも、ユーザーの印象に残るための表現に着目して、デザインでどのような工夫ができるかを考えてみます。

デザイン1. 人を用いる

　ポスターやCMに人が出ているとユーザーは相手のことを意識して、つい着目してしまいます。人物はユーザーを惹き付ける強い力を持ちますが、人にばかり目がいって商品やサービスの印象が弱くなることも覚えておきましょう。

デザイン2. キャラクターを用いる

　キャラクターもまた、ユーザーに強く意識してもらえる表現方法です。やみくもに用いるのではなく、特にユーザーが難しさや心理的な距離を感じてしまう領域に対して親しみを持てるデザインを提供しましょう。

デザイン3. ステータスを示す

　クレジットカードは、カードの色や見栄えを変えることで、ゴールドやプラチナなどクラスの違いを表現しています。ビジュアル表現の工夫で特別感やステータスを演出することは、ユーザーの心理的満足感にもつながります。

デザイン4. 順番に並べる

　レイアウトの違いでも印象を大きく変えることができます。例えば、横書きで構成したチラシであれば、多くのユーザーは左から右に、上から下に目が動きます。特に最初や最後の情報は強く印象に残す効果があります。

デザイン5. ガラッと変える

　瞬時に行動をうながしたいときは、テキストよりもビジュアル表現の方が強力にはたらきます。警告するときや状況が大きく変わったことを示すときは、従来の印象を180度変えるビジュアルにすると、気持ちが切り替えられます。

56 モノ

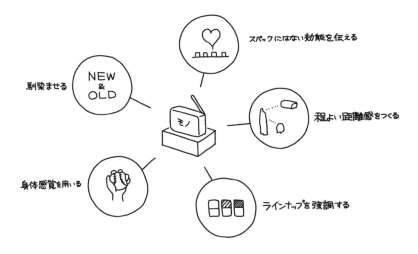

スペックにはない効能を伝える

馴染ませる

NEW & OLD

程よい距離感をつくる

身体感覚を用いる

ラインナップを強調する

　実際に手に取ることのできる商品は、ユーザーにいろいろな感情を引き起こす機能を備えています。単にカッコいい、使いやすい、という直接的な魅力だけではなく、親しみや愛着を感じたり、使い続けることで馴染んでいく、といったことにも着目してみましょう。デジタルサービスは多くの接点を持てる一方で、強い結び付きをつくることは苦手です。対してモノは、ユーザーと物理的な濃い接点を持つことができる強みがあります。人とモノの関係性を感情軸の視点で考えてみると、デザインで何を重視すべきか、新しい発見が得られるかもしれません。

デザイン1. 馴染ませる

　独自性の強い商品やサービスに抵抗を感じるユーザーは少なくありませんが、一部に既視感の要素があると親しみを持って受け入れてくれるようになります。何かにこれまでのものと同じような使い方であったり、昔を思い出させてくれるものがあったり、古典的なテーマで安心して取り組めるものなどです。ユーザーが思いを入れ込めるように、少し隙があるくらいの方がちょうどよいかもしれません。

デザイン2. 身体感覚を用いる

　デジタルが普及しても、モノが自分の身体や感覚にフィットするかは、ユーザーにとって変わらない関心ごとです。車の運転、スポーツ道具、PCのマウス操作など、自分の使い方にあっているほど愛着は高まります。そして、使い続けていくと、習熟度が上がってその分野を極める世界観にもつながり、ユーザーはそのモノを使うときの手間でさえ嬉しく感じることもあります。

デザイン3. ラインナップを強調する

　一貫したポリシーを持っている商品や、複数並べることで魅力が高まる商品は、同じブランドで集めてそろえたくなるものです。まず商品に独自性があることを際立たせて、1つの商品群の中で、共通点とバラエティの要素を両立させることが、ユーザーを囲い込むカギとなります。

デザイン4. 程よい距離感をつくる

　ユーザーとモノの関係は、距離感が強く影響します。友達のように近くにいることを感じさせたり、反対に存在を意識させないように遠くにいて周囲に溶け込んでいる方がいい場合もあります。例えば、手に取るようなものは、やわらかさや愛らしさなど生き物に近い要素が求められますが、エアコンなど直接触れ合わないものは、無機的である方が適しています。

デザイン5. スペックにはない効能を伝える

　利便性や効率性ばかりに目が向くと、価格や性能などのスペック競争になりがちです。 ですが世の中でヒットする商品の多くは、 本書の冒頭で紹介したAppleやSTARBACKSのように、 スペックには表れない魅力があふれています。 情緒的な共感や好きになってもらうための要素を、 商品の外観や機能や操作性などにも取り入れてみましょう。

57 画面操作

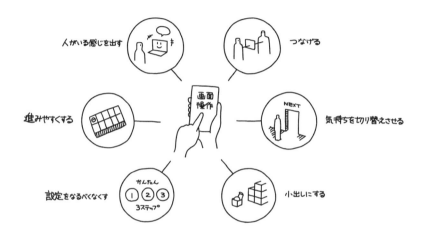

人がいる感じを出す

つなげる

進みやすくする

画面操作

気持ちを切り替えさせる

設定をなるべくなくす

かんたん
① ② ③
3ステップ

小出しにする

　ほとんどの人がPCやスマートフォンを持つようになった今、画面の操作にも、ユーザーの気持ちにはたらきかけられる機会は多くあります。画面操作は、情報の表示だけではなく、操作と反応などインタラクションの機能も兼ね備えています。これを機械とのやりとりではなく、人と人との関係と置き換えて、画面操作は2人の人間のやりとりを仲介している状態と考えてみましょう。ユーザーは実利的な目的を達成するためであっても、操作をしているときは何かしらの感情がともないます。画面操作のデザインについては、ゲームやエンターテイメントなどの分野から多くのことが学べます。

デザイン1. 進みやすくする

　入会したときやログインしたときに、はじめにポイントがもらえるとやる気は高まります。選択肢があっても最初に標準的な項目が選ばれていたり、おすすめが提示されている方が、迷わずに先に進めることができます。ゲームで遊ぶときでも、最初は比較的簡単にクリアができてレベルが上がる方が、楽しくなってどんどん進めたくなります。

デザイン2. 設定をなるべくなくす

　ユーザーは基本的に面倒くさがりです。できるだけ設定は少なく、簡単にできる方が喜ばれます。ユーザーを迷わせるような選択肢は、なるべく最小限にして、考えたり悩まずに、気軽に行動や操作ができるよう敷居を下げてみましょう。

デザイン3. 小出しにする

　1回の操作を、なるべく短く、簡単に、すぐ結果が得られるようにすると、ユーザーは先が気になって、次の操作を負担だと感じなくなります。ただし、やみくもに小出しにすると、途中でやめられなくなったり、依存の状況をつくり出すことになりかねないので、程よくハマる仕掛けを意識しましょう。

デザイン4. 気持ちを切り替えさせる

　今までと違った行動をうながすには、何かが変わったことを伝える必要があります。必要に応じて画面上にこれまでとはまったく違った表示を出したり、途中で区切ることで没頭している状況から切り離すことができます。

デザイン5. つなげる

　オンラインの環境では、 リアルではできない場を超えた接点づくりができます。 マッチングやライブ配信などでつながる機会を提供すると、 ユーザーが積極的に関与できるようなります。 そして一度つながったら、 他の人との関わりや、 居心地のよさを感じられるよう反応やフィードバックを提供して、 サービスを使用してもらう継続性を高めましょう。

デザイン6. 人がいる感じを出す

　オンラインの環境では、 画面から相手の姿を想像することが難しいので、 ユーザーは対面であれば普段行わない無作法なふるまいをやってしまうことがあります。 そこで、 操作画面に無機質な要素を減らして、 代わりに親しみのある語りかけや、 インタラクティブなやりとりを加えてみましょう。

58 場や接客

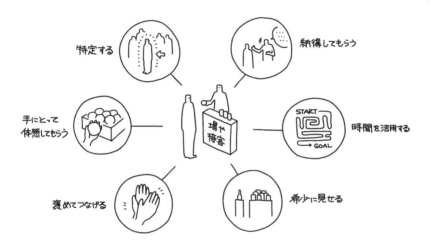

特定する

納得してもらう

手にとって
体感してもらう

場や
接客

START
→ GOAL

時間を活用する

褒めてつなげる

希少に見せる

　スーパー、レストラン、病院、銀行、公共施設など、特定の場所で提供する商品やサービスなどは、人を介して接点をつくる機会がたくさんあります。具体的には、建物や空間などを活かした場づくり、お客様と店員のやりとり、滞在している間の時間の活用などがあります。商品陳列のエキスパートや接客のプロなど優れた人のノウハウには、行動経済学やナッジの観点から多くの学びがあります。もしあなたが企画やデザインに関わっている人なら、現場に精通している専門家に教えを受けたり、現場を訪れて人のやりとりをじっくり観察してみましょう。利便性や効率性だけでは説明できない、行動を変えられるヒントが見つかるはずです。

デザイン1. 特定する

　お店や公共施設など多くの人が行き交う場所では、ユーザーは匿名性が強くなります。なので、みんなに対して声をかけるのではなく、1人の相手に声をかけるようにしてみましょう。そうするとユーザーとの心理的距離を、より近付けることができます。

デザイン2. 手にとって体感してもらう

　洋服や家電など、実際に触れられる商品があるならば、無意識に手にとってもらえるよう、商品の置き方を意識してみましょう。欲しいかどうかとは別に、一度手に触れたらユーザーと商品の心理的距離は近づきます。試食や試着などユーザーに近づいてもらう行為は、購入の大きなきっかけになります。

デザイン3. 褒めてつなげる

　店員が話しかけるとき、多くのユーザーは警戒心を持っています。安心感を醸成させるには、笑顔で相手を受け入れる姿勢や感謝の気持ちを伝えることです。ユーザーは褒められると、つい気を許して相手の要求を受け入れてもらいやすくなります。逆にかたくななときは無理におすすめしないで、気持ちがおさまるまで待ってあげた方が得策です。

デザイン4. 希少に見せる

　残りわずかの商品、タイムセール、1ヶ月待った、などの希少要素は、購入や利用の意欲を高めてくれます。実店舗であれば、現地を訪れるユーザーとの関係を一期一会と捉えて「わざわざ来たかいがあった」と思ってもらえるように価値を伝えてみましょう。

デザイン5. 時間を活用する

　店舗などの施設では、 時間の使い方も大きく影響します。 お店に入る前に条件を伝えることで、 買い物の誘導ができたり、 時間をかけてもらうことで、元を取りたい心理にはたらきかけることができます。あるいは途中でつらい体験があったとしても、最後はハッピーエンドになれるご褒美を与えることで、また訪れようという気持ちにさせるなど、 いろいろな工夫が考えられます。

デザイン6. 納得してもらう

　じっくりとユーザーに納得してもらうことも、ときには必要です。 理屈ではそうかもしれないけど心情的には決めきれない、 という状況は誰しも経験があるかと思います。 そこに話し合いの機会を設けたり、 詰め寄らずにじっくり考えてもらうことで、 決断と行動の気持ちを一致させることができます。 気持ちと行動が不一致のままにすると不満につながり、ユーザーとのよい関係性は築けません。

59 ビジネス戦略

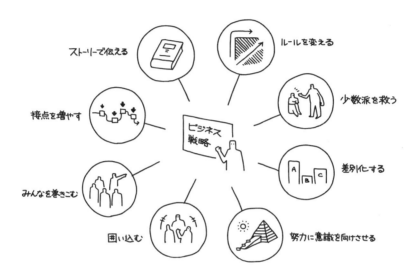

ストーリーで伝える

ルールを変える

接点を増やす

少数派を救う

ビジネス戦略

差別化する

みんなを巻きこむ

囲い込む

努力に意識を向けさせる

　事業計画や商品戦略を考えるときにも、ナッジの考え方は活用できます。利便性や効率性ばかりを意識すると、決められた枠の中で考えるようになってしまい、スペック以外での違いを打ち出す発想がなくなってしまいます。そんなときは一度、商品やサービスを使うユーザーの気持ちにフォーカスしてみましょう。ユーザーが潜在的に望んでいることや、魅力を感じて行動につなげるきっかけに着目することで、ユニークなビジネス戦略を思いついたり、つい使ってみたくなるような行動を変えるキッカケとなる施策が見つかるかもしれません。

デザイン1. 接点を増やす

　デジタルサービスが普及して以降、 直接的な売り上げよりも、 まずはユーザー数を増やすことの重要性が増しました。 一方で、 日々誕生するさまざまなサービスの中で、 ユーザーの興味を引くことは簡単ではありません。 似た人とつながりコミュニケーションを活性化させたり、 返報し合う関係性をつくったりなど、 ユーザーとの接点を途切れさせない仕組みを考えましょう。

デザイン2. みんなを巻き込む

　ユーザーの群集特性を活かしてみましょう。 他の人と一緒だったら安心できる、 みんなが関わるなら協力したくなる、 といった心理を利用してユーザー同士をつなぎ、関心や安心感を相互作用で高めることができます。 一方で、ユーザーの行動は完全にはコントロールできないので、 ある程度の例外の許容や、流れに身をまかせる姿勢も必要です。

デザイン3. 囲い込む

　ファン心理を醸成させましょう。 ミュージシャンやスポーツ選手を一度好きになってくれると、 好きが連鎖してコミュニティの参加者が増えたり、 ユーザーが自発的に応援してくれるようになります。 ファン心理にはブランドの取り組みも欠かせませんが、 見栄えを整えるよりも、 距離を縮めて関わりたくなるようなユーザーの内発的な動機に着目しましょう。

デザイン4. 努力に意識を向けさせる

　ユーザーの動機が内発的なものになると、 愛着を持って接してくれるようになります。 楽しいことや結果が嬉しいことであれば、 ユーザーはそのための努力を惜しまず、 自主的にやってくれる場合さえあります。

デザイン5. 差別化する

　独自性を際立たせて競合との違いを出すことはビジネス戦略の基本です。利便性や効率性だけではく、感情的な価値にも目を向けてみましょう。商品やサービスが合理化という側面だけで成熟しつつあるようだったら、市場の固定概念を壊せるチャンスが隠れているかもしれません。

デザイン6. 少数派を救う

　多数派ではないユーザーが集まる場にも、市場として多くの可能性があります。少数であることを不安に感じさせず大事に扱うことで、ユーザーとの強いつながりをつくることができれば、競合に追従されない、その分野で根強い人気を獲得できることにもつながります。

デザイン7. ストーリーで伝える

　効率性や利便性を超えた価値は、数値などの客観的データでは伝わりません。大事なキーワードは「共感」です。ユーザーの心に響かせるためには、実現したときの状態が想像できるストーリーで、商品やサービスの文脈を理解してもらうといった、人間味のあるメッセージの打ち出し方が欠かせません。

デザイン8. ルールを変える

　優位な立場になるためには、ゲームチェンジャーになるというアプローチがあります。ルールを理解した上で、ルールを変える方法を探してみましょう。業界が長く保守的で閉鎖的であれば、ユーザーも業界のルールが変わることを望んでいる可能性があります。常識に捉われず、変えることでユーザーに受け入れられることと、逆に変えてはいけないことを見極めましょう。

60 心がけ

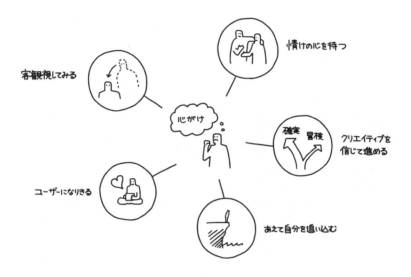

客観視してみる

情けの心を持つ

心がけ

確実 冒険
クリエイティブを
信じて進める

ユーザーになりきる

あえて自分を追い込む

あなた自身が、商品やサービスの企画やデザインに携わるときの、心がけについてもまとめてみます。ユーザーだけでなく、提供側であるビジネスに関わるすべての人も、何かしら思考のバイアスを持ちながら日々の仕事に取り組んでいますし、ちょっとした出来事がきっかけで考えや行動を改めることもあります。自分を客観視してみたり、ユーザーになりきって没頭してみることで、利便性や効率性を超えたクリエイティブなアイデアを探してみましょう。そして、ユーザーとビジネスの間の溝を埋める提案をすることに、ぜひ挑戦してみてください。

デザイン1. 客観視してみる

　商品やサービスを考えるあなた自身が、思考のバイアスやクセに陥っている場合があります。自分の考えのみに固執せず、素人の素直な視点でユーザーが欲していることや、気になることを感じ取ってみましょう。

デザイン2. ユーザーになりきる

　ユーザーの気持ちや行動を理解するには、自身がユーザーになりきって商品やサービスを体感するのが最も手っ取り早い方法です。ときには利用者として没頭してみると、理屈ではない好き嫌いの感情に気付くはずです。

デザイン3. あえて自分を追い込む

　自由に考えることは意外と難しいものです。優れたアイデアは、時間や予算や条件などの制約から生まれる場合が多くあります。制約を自分に課すことによって、むしろ解決策に気付くきっかけになるかもしれません。制約はクリエイティブの源泉だと考えてみましょう。

デザイン4. クリエイティブを信じて進める

　これまでにない新しいアイデアを人に理解してもらうのは、簡単なことではありません。不安にもなります。そんな状況でも、周囲の目にまどわされず、少しずつ賛同者を増やしていければ、いつか理解が得られるでしょう。

デザイン5. 情けの心を持つ

　一方で、ビジネスは1人でできるものではありません。相手の立場や心情を理解して、ときには結果よりもチームワークを優先する意識を忘れないようにしましょう。エンドユーザーだけではなく、ビジネスパートナーもユーザーの1人だと考えると、相手のことを想いやった計画や施策が考えられるはずです。

最後に

行動経済学とデザインの接点、 ふたたび

　行動経済学とデザインの説明は、これで以上となります。楽しめましたでしょうか。

　本書を通じて、ユーザーである人の観察が大切であること、利便性や効率性を超えた価値があること、ユニークなアイデアが問題の解決につながることなどを、感じ取っていただければ幸いです。

　1章で紹介した図やイラストの整理は、理論や概念を構造的に捉えることで、行動経済学を難しいものと考えず、全体像が把握できることを目的にまとめてみました。理論だけではなく実践するための観点で、行動経済学に興味をもっていただければと思います。

　2章で紹介した39のバイアスは一部であり、他にも行動経済学には、多くの理論が研究されています。すべてを網羅はできませんが、8つの分類をもとに、人の行動や思考のクセを観察してみると、本書で取り上げたもの以外にも、新たなバイアスを発見できるかもしれません。ときには疑り深く、ときには心のままに感じ取って、目に見えることも見えないことも、観察する習慣をつけてみてください。

　3章で紹介したナッジの適用方法は、デザインをする立場の視点で、アイデアを織り交ぜてみました。私がこれまでビジネスで関わってきた領域は、工業製品のデザインから、空間やデジタルサービスのデザイン、あるいは事業企画など、数年ごとに変わってきています。ですが、ユーザーを起点にして考える、という姿勢は変わりありません。利便性や効率性の追求とは違って、ユーザーの意識や行動を変える方法は1つではありません。ユーザーのために何ができるかを考えるのは、企画をする人、設計や開発をする人、現場で接客をする人、どのような立場であっても共通したビジネステーマです。あなたにとってのデザインの実践は何かを、この機会に考えてみてください。

行動経済学もデザインも、つまるところは「人とは何か？」を探求することです。行動経済学はそれを研究や学問として追求し、デザインは商品やサービスを通して実践します。両者が組み合わされば、より人に目を向けて、楽しさや優しさのある社会が実現できるのではないか、このように考えます。21世紀になっても、ユーザーである人に目を向けていないことが原因で、テクノロジーの誤用、不平等な経済格差、人を不幸にする政策など、多くの社会問題を抱えています。行動経済学の知識を用いて、商品やサービスをデザインすることで、世の中を少しでもよい方向に変えていければと思い、この本を書きました。最後まで読んでいただき、ありがとうございます。

　本書は、これまでに私が関わってきた多くの方々との、貴重な体験や機会がなければ実現できませんでした。お名前を数え上げるとキリがないので、ここでは3点にまとめて、感謝の気持ちをお伝えします。

　まずは、私が最初にデザインを学んだ、札幌市立高等専門学校の先生・同級生・先輩と後輩に対して感謝します。先生からデザインの基礎をしっかりと教えてもらい仲間と切磋琢磨したことが、デザインの領域を問わず広く取り組めていることにつながっています。

　次に、実務で一緒にお仕事をしているクライアントの方々と、私が現在勤めている Tigerspike の仲間、そしてこれまで所属してきた会社のみなさんにも感謝します。ビジネスとデザインの間をつなぐ日々の実践を通じて、本書の考えをまとめることができました。

　そして、本書を出版するに至ったnoteを運営しているみなさんにも感謝します。noteに記事を書き続けていなければ、本書を出版する機会はありませんでした。記事を書きつづけたくなるための、使いやすいサービスの進化と数々の仕掛けには、いつも多くの学びがあります。また、本書の編集者である翔泳社の関根さんと、デザインをしていただいたSOUVENIR DESIGNの武田さんにも、多大なる感謝を申し上げます。

　最後に、この本を書いている間も楽しい毎日を過ごすことができた私の家族にも、いつもありがとうの言葉を贈ります。

参考文献

　この本を書き上げることができたのは、こちらに紹介する数々の書籍のおかげです。この場を借りて感謝申し上げます。理論の説明、研究データや考察、あるいは実例などを参考にさせていただきました。本書を、行動経済学を知るための入り口として、より詳しく理解したくなった方は以下の書籍を読んでみてください。

04. 人と機械の違い
- 『ファスト&スロー - あなたの意思はどのように決まるか？下』　ダニエル・カーネマン（著）　村井章子（訳）　早川書房 2012.11

06. 8つのバイアス
- 『ファスト&スロー - あなたの意思はどのように決まるか？上』　ダニエル・カーネマン（著）　村井章子（訳）　早川書房 2012.11

07. 4つのナッジ
- 『実践行動経済学』　リチャード・セイラー（著）、キャス・サンスティーン（著）、遠藤真美（訳）　日経BP　2009.07

09. ピア効果（一緒だと頑張れる）
- 『世界で最も美しい問題解決法 - 賢く生きるための行動経済学、正しく判断するための統計学』　リチャード・E・ニスベッド（著）、小野木明恵（訳）　青土社　2018.01
- 『行動経済学の使い方』　大竹文雄　岩波書店　2019.09

10. 社会的選好（相手への気づかい）
- 『行動経済学の使い方』　大竹文雄　岩波書店　2019.09
- 『「意思決定」の科学 - なぜ、それを選ぶのか』　川越敏司　講談社　2020.09
- 『「きめ方」の論理 - 社会的決定理論への招待』　佐伯胖　東京大学出版会　1980.04

11. 返報性（お返ししなければ）
- 『影響力の武器 - なぜ人は動かされるのか』　ロバート・B・チャルディーニ（著）、社会行動研究会（訳）　誠信書房 1991.09

12. シミュラクラ現象（顔の力）
- 『独裁者のデザイン - ヒトラー、ムッソリーニ、スターリン、毛沢東の手法』　松田行正　平凡社　2019.09

13. 権威（上下関係の意識付け）
- 『影響力の武器 - なぜ人は動かされるのか』　ロバート・B・チャルディーニ（著）、社会行動研究会（訳）　誠信書房 1991.09

14. バンドワゴン効果（行列心理）
- 『社会運動はどうやって起こすか』　デレク・シヴァーズ　TED Talk
  https://www.ted.com/talks/derek_sivers_how_to_start_a_movement?language=ja
- 『マイ遺品セレクション』　みうらじゅん　文藝春秋　2019.02
- 『「ない仕事」の作り方』　みうらじゅん　文藝春秋　2015.11

15. ハーディング効果（少数派は不安）
- 『木を見る西洋人 森を見る東洋人 - 思考の違いはいかにして生まれるか』　リチャード・E・ニスベット（著）、村本由紀子（訳）　ダイヤモンド社　2004.06
- 『経済学のセンスを磨く』　大竹文雄　日本経済新聞出版社　2015.05

16. ナッシュ均衡（お互いさまの関係）
- 『エウレカの確率 - 経済学捜査員とナッシュ均衡の殺人』　石川智健　講談社　2015.02
- 『ゲーム理論入門の入門』　鎌田雄一郎　岩波書店　2019.04

17. 希少性（失いかけると欲しくなる）
- 『影響力の武器 - なぜ人は動かされるのか』 ロバート・B・チャルディーニ（著）、社会行動研究会（訳） 誠信書房 1991.09
- 『アフターデジタル - オフラインのない時代に生き残る』 藤井保文 尾原和啓 日経BP 2019.03

18. 社会的証明（何かに頼りたい）
- 『影響力の武器 - なぜ人は動かされるのか』 ロバート・B・チャルディーニ（著）、社会行動研究会（訳） 誠信書房 1991.09
- 『スティーブ・ジョブズ2』 ウォルター・アイザックソン（著）、井口耕二（訳） 講談社 2011.02
- 『KING JIM - ヒット文具を生み続ける独創のセオリー』 宮本彰 河出書房新社 2015.05
- 『出発点』 宮崎駿 スタジオジブリ 1996.08

19. 傍観者問題（みんな見て見ぬ振り）
- 『ティッピング・ポイント - いかにして「小さな変化」が「大きな変化」を生み出すか』 マルコム・グラッドウェル（著）、高橋啓（訳） 飛鳥新社 2000.02
- 『人はなぜ集団になると怠けるのか』 釘原直樹 中央公論新書 2013.10
- 『超ヤバい経済学』 スティーヴン・D・レヴィット、スティーヴン・J・ダブナー（著）、望月衛（訳） 東洋経済新報社 2010.10

20. ヒューリスティック（近道思考）
- 『ファスト&スロー - あなたの意思はどのように決まるか？上』 ダニエル・カーネマン（著）、村井章子（訳） 早川書房 2012.11
- 『思い違いの法則』 レイ・ハーバード（著）、渡会圭子（訳） 合同出版 2012.04
- 『センスメイキング』 クリスチャン・マスビアウ（著）、斎藤栄一郎（訳） プレジデント社 2018.11

21. 現在バイアス（今が大事）
- 『マシュマロテスト - 成功する子・しない子』 ウォルター・ミシェル（著）、柴田裕之（訳） 早川書房 2015.05
- 『[エッセンシャル版] 行動経済学』 ミシェル・バデリー（著）、土方奈美（訳）、依田高典（解説） 早川書房 2018.09
- 『行動経済学の逆襲』 リチャード・セイラー（著）、遠藤真美（訳） 早川書房 2016.07
- 『目標は人に言わずにおこう』 デレク・シヴァーズ TED Talk
  https://www.ted.com/talks/derek_sivers_keep_your_goals_to_yourself?language=ja

22. 正常性バイアス（変化がキライ）
- 『生き残る判断 生き残れない行動』 アマンダ・リプリー（著）、岡真知子（訳） 筑摩書房 2019.01
- 『人はなぜ逃げおくれるのか』 広瀬弘忠 集英社 2004.01
- 『社会運動はどうやって起こすか』 デレク・シヴァーズ TED Talk
  https://www.ted.com/talks/derek_sivers_how_to_start_a_movement?language=ja

23. 回想バイアス（つじつま合わせ）
- 『倫理の死角 - なぜ人と企業は判断を誤るのか』 マックス・H・ベイザーマン、アン・E・テンブランセル（著）、池村千秋（訳）、谷本寛治（解説） NTT出版 2013.09

24. エンダウドプログレス効果（進むとやる気が出る）
- 『行動経済学まんが - ヘンテコノミクス』 佐藤雅彦、菅俊一、高橋秀明 マガジンハウス 2017.11
- 『アーティストのためのハンドブック』 デイヴィッド・ベイルズ（著）、テッド・オーランド（著）、野崎武夫（訳） フィルムアート社 2011.11
- 『クリエイティブ・マインドセット - 想像力・好奇心・勇気が目覚める驚異の思考法』 デイヴィッド・ケリー（著）、トム・ケリー（著）、千葉 敏生（訳） 日経BP 2014.06
- 『予想どおりに不合理 - 行動経済学者が明かす「あなたがそれを選ぶわけ」』 ダン・アリエリー（著）、熊谷淳子（訳） 早川書房 2010.10

25. ピークエンドの法則（終わりよければすべてよし）
- 『ダニエル・カーネマン心理と経済を語る』 ダニエル・カーネマン（著）、友野典男（監訳）、山内あゆ子（訳）楽工社 2011.03

26. 保有効果（自分のものが一番）
- 『予想どおりに不合理 - 行動経済学者が明かす「あなたがそれを選ぶわけ」』 ダン・アリエリー（著）、熊谷淳子（訳） 早川書房 2010.10

27. **DIY効果（自分が関わると過大評価）**
    - 『不合理だからすべてがうまくいく - 行動経済学で「人を動かす」』 ダン・アリエリー（著）、櫻井祐子（訳） 早川書房 2011.10
28. **MAYA理論（先進さと馴染み）**
    - 『口紅から機関車まで』 レイモンド・ローウィ（著）、藤山愛一郎（訳） 鹿島出版会 1981.03
    - 『ヒットの設計図 - ポケモンGOからトランプ現象まで』 デレク・トンプソン（著）、高橋由紀子（訳） 早川書房 2018.10
29. **タッチ効果（触れるが勝ち）**
    - 『ジョナサン・アイブ』 リーアンダー・ケイニー（著）、関美和（訳） 日経BP社 2015.01
30. **内集団と外集団（身内びいきの習性）**
    - 『しらずしらず - あなたの9割を支配する「無意識」を科学する』 レナード・ムロディナウ（著）、水谷淳（訳） ダイヤモンド社 2013.12
    - 『タテ社会と現代日本』 中根千枝 講談社 2019.11
31. **ノスタルジア（なつかしさマーケティング）**
    - 『なつかしさの心理学 - 思い出と感情』 日本心理学会（監修）、楠見孝（編集） 誠信書房 2014.05
    - 『昭和ノスタルジー解体 - 懐かしさはどう作られたのか』 高野光平 晶文社 2018.04
32. **プロスペクト理論（損失回避）**
    - 『ファスト&スロー - あなたの意思はどのように決まるか？下』 ダニエル・カーネマン（著）、村井章子（訳） 早川書房 2012.11
33. **アンダーマイニング効果（報酬とやる気）**
    - 『行動経済学まんが - ヘンテコノミクス』 佐藤雅彦、菅俊一、高橋秀明 マガジンハウス 2017.11
34. **ギャンブラーの誤謬（次こそは心理）**
    - 『デザインされたギャンブル依存症』 ナターシャ・ダウ・シュール（著）、日暮雅道（訳） 青土社 2018.06
    - 『ソーシャルゲームのビジネスモデル - フリーミアムの経済分析』 田中辰雄、山口真一 勁草書房 2015.05
    - 『80年代オマケシール大百科』 サデスパー堀野 いそっぷ社 2017.04
35. **心理的リアクタンス（やっちゃダメの反動）**
    - 『シロクマのことだけは考えるな! - 人生が急にオモシロくなる心理術』 植木恵理 マガジンハウス 2008.08 8
36. **プラセボ効果（病は気から）**
    - 『僕は偽薬を売ることにした』 水口直樹 国書刊行会 2019.07
37. **キリのいい数字効果（ざっくり分類思考）**
    - 『オタクの行動経済学者、スポーツの裏側を読み解く』 トビアス・J・モスコウィッツ（著）、L・ジョン・ワーサイム（著）、望月衛（訳） ダイヤモンド社 2012.06
    - 『イチローはなぜ打率ではなくヒット数にこだわるのか』 児玉光雄 晋遊舎 2008.04
38. **選択のパラドックス（多いと選べない）**
    - 『選択の科学』 シーナ・アイエンガー（著）、櫻井祐子（訳） 文藝春秋 2010.11
39. **アンカリングとプライミング（順番が大事）**
    - 『ファスト&スロー - あなたの意思はどのように決まるか？上』 ダニエル・カーネマン（著）、村井章子（訳） 早川書房 2012.11
40. **フレーミング効果（ものはいいよう）**
    - 『FACTFULLNESS』 ハンス・ロスリング（著）ほか、上杉周作、関美和（訳） 日経BP社 2019.01
    - 『行動経済学の使い方』 大竹文雄 岩波書店 2019.09
41. **好意（好きだと寛容に）**
    - 『影響力の武器 - なぜ人は動かされるのか』 ロバート・B・チャルディーニ（著）、社会行動研究会（訳） 誠信書房 1991.09
42. **チート（みんなラクしたい）**
    - 『行動を変えるデザイン』 スティーブン・ウェンデル（著）、武山政直（監訳）、相島雅樹（訳）、反中望（訳）、松村草也（訳） オライリー・ジャパン 2020.06
43. **真夜中のラブレター（感情まかせで後悔）**
    - 『不合理だからすべてがうまくいく - 行動経済学で人を動かす』 ダン・アリエリー 早川書房 2011.10

『ポッドキャスト・日本の歴史 - 第65回』　廣瀬真一　オガワブンゴ

44. ゲーミフィケーション（遊びと努力）
『ホモ・ルーデンス』　ヨハン・ホイジンガ（著）、高橋英夫（訳）　中央公論社　2019.01（第一版は1973年）
『遊びと人間』　ロジェ・カイヨワ（著）、多田 道太郎、塚崎 幹夫（訳）　講談社　1990.044
『ゲーミフィケーション - ＜ゲーム＞がビジネスを変える』　井上明人　NHK出版　2012.01
『「ついやってしまう」体験のつくりかた - 人を動かす「直感・驚き・物語」のしくみ』　玉樹真一郎　ダイヤモンド社　2019.08

45. 一貫性（固執と結び付け）
『影響力の武器 - なぜ人は動かされるのか』　ロバート・B・チャルディーニ（著）、社会行動研究会（訳）　誠信書房　1991.09

46. サンクコスト（もったいないの罠）
『諦める力』　為末大　プレジデント社　2013.05
『髙田明と読む世阿弥』　髙田明　日経BP　2018.03
『岩田さん』　ほぼ日刊イトイ新聞　株式会社ほぼ日　2019.07
『じゅんの恩返し - 恩返しその38』　ほぼ日刊イトイ新聞
https://www.1101.com/ongaeshi/050823index.html
『マット・カッツの30日間チャレンジ』　マット・カッツ　TED Talk
https://www.ted.com/talks/matt_cutts_try_something_new_for_30_days?language=ja

47. 認知的不協和（セルフ洗脳）
『武器になる哲学 - 人生を生き抜くための哲学・思想のキーコンセプト50』　山口周　KADOKAWA　2018.05
『予言がはずれるとき』　L.フェスティンガー（著）、H.W.リーケン（著）、S.シャクター（著）、水野博介（訳）　勁草書房　1995.12

48. ナッジの構造
『実践行動経済学』　リチャード・セイラー（著）、キャス・サンスティーン（著）、遠藤 真美（訳）　日経BP　2009.07
『仕掛学 - 人を動かすアイデアのつくり方』　松村真宏　東洋経済新報社　2016.10

49. ナッジのフレームワーク
『行動経済学の使い方』　大竹文雄　岩波新書　2019.09
『ナッジで、人を動かす』　キャス・サンスティーン（著）、田総恵子（訳）、坂井豊貴（解説）　NTT出版　2020.09

50. デフォルト（無意識にうながす）
『ナッジで、人を動かす』　キャス・サンスティーン（著）、田総恵子（訳）、坂井豊貴（解説）　NTT出版　2020.09

51. 仕掛け（自然にうながす）
『仕掛学 - 人を動かすアイデアのつくり方』　松村真宏　東洋経済新報社　2016.10
『AXIS - vol.96』　アクシス　2002.04
『複雑さと共に暮らす - デザインの挑戦』　ドナルド・A・ノーマン（著）、伊賀聡一郎（訳）、岡本明（訳）、安村通晃（訳）　新曜社　2011.07
『誰のためのデザイン? - 認知科学者のデザイン原論』　ドナルド・A. ノーマン（著）、野島 久雄（訳）　新曜社　1990.02

52. ラベリング（意図的にうながす）
『完訳アウトサイダーズ - ラベリング理論再考』　ハワード S. ベッカー（著）、村上 直之（訳）　現代人文社　2011.1

53. インセンティブ（報酬でうながす）
『0ベース思考 - どんな問題もシンプルに解決できる』　スティーヴン・D・レヴィット（著）、スティーヴン・J・ダブナー（著）、櫻井祐子（訳）　ダイヤモンド社　2015.02
『ヤバい経済学 - 悪ガキ教授が世の裏側を探検する』　スティーヴン・D・レヴィット（著）、スティーヴン・J・ダブナー（著）、望月衛（訳）　東洋経済新報社　2007.04

中島亮太郎
Tigerspike Tokyo office / Lead UX Designer

デザインとビジネスの間をつなぐことに関心を持ち、 デジタルプロダクトを開発するグローバル企業のTigerspikeでデザイン戦略やビジネスデザインを実践している。 これまで医療・金融・保険・流通・製造・モビリティ・通信・旅行・スポーツなどの分野で、デザインを起点にビジネスの企画や具現化に携わっている他、 スタートアップの支援や大学の非常勤講師も務める。 難しいビジネスの課題を図や絵で整理することが得意。 北海道生まれ。

デザイン	武田厚志 (SOUVENIR DESIGN INC.)
DTP	木村笑花 (SOUVENIR DESIGN INC.)
編集	関根康浩

ビジネスデザインのための
行動経済学ノート
バイアスとナッジでユーザーの心理と行動をデザインする

2021年9月13日　初版第1刷発行
2022年1月20日　初版第4刷発行

著　者	中島亮太郎（なかじまりょうたろう）
発行人	佐々木幹夫
発行所	株式会社翔泳社 (https://www.shoeisha.co.jp)
印刷・製本	日経印刷株式会社

©2021 Ryotaro Nakajima